Les recettes de *ma* CAMPAGNE

Remerciements

Merci à Cécile et à mes garçons pour leurs encouragements et leur aide.

Merci à mes amis pour avoir testé ces recettes et pour m'avoir donné leur avis, leurs conseils.

Un clin d'œil amical à mes anciens professeurs du Lycée Hôtelier du Touquet, où j'ai appris beaucoup et à mes copains de promo pour ces belles années partagées.

Merci à Fabienne, Christophe, Élisabeth, Frédérique, Laurent et Stéphanie pour m'avoir donné la possibilité de m'exprimer aussi librement et avec autant de bonheur.

Dépôt légal : avril 2007
ISBN : 978-2-84038-730-5
N° d'éditeur : 48622-F07021

Les recettes de *ma* CAMPAGNE

Textes et photographies
FRANCK SCHMITT

rustica éditions

À mes amis et ma famille.

Un petit goût de campagne...

Ma campagne est sublime : nature, sauvage, authentique et vraie. Elle a ce petit goût d'autrefois que nous recherchons tous. Elle est tellement sublime que j'ai abandonné la ville sans regret avec ma famille pour m'y installer ! Toutes les campagnes sont magnifiques et il suffit de savoir les regarder !

Ma campagne m'évoque mon enfance et les moments partagés avec mes grands-parents. Chacun à leur façon, ils ont su me transmettre cet amour des bonnes choses. L'art du potager avec Étienne et Henry, mes chers grands-pères : j'aimais ces heures passées à cueillir les haricots verts et les petits pois, penchés sur les plantations, nos épaules cuisant au soleil. Le bonheur des préparatifs des conserves et des confitures avec Marguerite et Jeanne, mes petites grands-mères et les cuillerées que nous volions avec mon frère dans le fond des marmites en cuivre... un vrai régal ! Tous ces gestes et ces moments partagés font de nous une partie de ce que nous sommes aujourd'hui.

Ma campagne est gourmande et elle se partage en famille ou entre amis. Hiver comme été, nous nous retrouvons tous autour des fourneaux pour discuter, tout en savourant les odeurs d'un gâteau juste cuit, des herbes fraîchement hachées ou d'une volaille qui dore au four.

Pour l'heure, ma campagne est percheronne, une région que j'ai adoptée avec bonheur, un lieu magnifique où les prés deviennent vallons, les haies se métamorphosent en forêts et où chaque virage réserve une surprise. Une région où la gastronomie tient une place de choix comme partout en France. Mais ma campagne aurait pu être normande, bourguignonne ou bien encore picarde, car peu importe le lieu puisque toutes les campagnes partagent un même art de vivre, celui de prendre le temps, de redécouvrir des gestes simples comme ceux de cuisiner ou de jardiner et surtout celui de partager et de transmettre.

Franck Schmitt

Les recettes de

mon potager

mon verger

des prés et de la forêt

mon poulailler

mon marché

Les recettes de *mon* POTAGER

Le potager c'est un petit bonheur, un vrai lieu de plaisir ! Et ceux qui ont la chance d'en avoir un savent bien que les légumes issus de sa propre récolte ont toujours une autre saveur ! De la graine à la plante, de la plante à la fleur jusqu'à l'ultime récompense du légume ou du fruit, il se passe tellement de choses en si peu de temps !
Mon potager n'a rien d'un modèle et pourtant c'est mon paradis ! J'y plante sans prétention des légumes faciles à cultiver comme les belles courgettes qui ne demandent pas une grande attention mais qui savent toujours nous récompenser !

Je cultive les pâtissons avant tout pour décorer la maison, mais ils sont un vrai régal dans l'assiette, alors pourquoi s'en priver…

Soupe de pâtissons et bacon

Préparation : 30 min

Cuisson : 1 h

Pour 4 personnes

- 2 pâtissons
- 4 pommes de terre
- 6 tranches de bacon
- 1 bel oignon
- 1 gousse d'ail
- 1 brin de thym
- 1 brin de ciboulette
- Huile d'olive ou de tournesol
- Sel, poivre

Ôtez la peau des pâtissons ainsi que les graines en leur centre. Coupez la chair en dés de taille régulière. Pelez l'oignon et hachez-le grossièrement. Épluchez les pommes de terre et coupez-les en dés.

Dans une cocotte, faites suer l'oignon sans le laisser colorer avec 6 cuillerées à soupe d'huile. Ajoutez les dés de pâtisson et laissez suer encore quelques minutes. Ajoutez alors l'ail pelé, les pommes de terre et le thym. Versez assez d'eau pour couvrir les légumes, salez et poivrez. Laissez cuire 55 minutes à 1 heure.

Retirez le brin de thym et mixez la soupe avec un presse-purée ou un robot plongeur. Rectifiez l'assaisonnement.

Découpez le bacon en bâtonnets. Faites dorer ces derniers à la poêle sans matière grasse, jusqu'à ce qu'ils soient croustillants.

Servez la soupe dans des bols individuels, saupoudrée de bâtonnets de bacon grillés et de ciboulette hachée.

Variante Vous pouvez aussi présenter cette soupe dans des pâtissons évidés à l'aide d'une cuillère parisienne.

C'est à force de tâtonnements et d'essais que j'ai mis au point cette recette.
Elle a toujours fait l'unanimité et se décline en autant de variantes qu'il existe de mélanges d'herbes... n'hésitez donc pas à utiliser d'autres herbes aromatiques !

Tarte aux herbes aromatiques et au fromage de chèvre

Préparation : 30 min

Cuisson : 25 à 35 min

Pour 6 personnes

- 1 fond de pâte feuilletée
- 2 fromages de chèvre frais de 150 g chacun
- 100 g de crème fleurette allégée
- 2 feuilles d'oseille rouge
- 1 petite botte de thym
- 4 brins de thym citron
- 1 petite botte de sarriette des montagnes
- 1 botte de persil
- 1 botte de coriandre fraîche
- 2 tiges de sauge
- 100 g de pignons de pin
- 50 g d'amandes effilées
- Sel, poivre

Lavez à grande eau et essorez soigneusement les herbes aromatiques.

Étalez la pâte feuilletée et découpez-y un cercle de 30 cm de diamètre. Déposez celui-ci sur un morceau de papier sulfurisé et placez le tout sur une plaque de cuisson adaptée à votre four.

Préparez les herbes aromatiques en séparant les feuilles des tiges. Placez les feuilles dans le bol d'un hachoir et jetez les tiges.

Préchauffez le four à 180 °C (th. 6).

Hachez grossièrement et rapidement les feuilles d'herbes aromatiques, puis ajoutez les chèvres frais ainsi que la crème fleurette. Salez et poivrez. Mixez rapidement l'ensemble pour garder des morceaux de feuilles. La préparation doit être onctueuse : si elle est trop sèche, ajoutez encore un peu de crème fleurette.

Étalez la préparation sur le fond de pâte feuilleté à l'aide d'une spatule, en laissant 1 cm de pâte non recouverte sur les bords. Ensuite, répartissez dessus les pignons et les amandes.

Enfournez la tarte 25 à 35 minutes en surveillant la cuisson, afin que les pignons ne grillent pas trop.

Servez tiède, accompagné d'une salade de roquette ou de mesclun.

Variante

Vous pouvez aussi hacher les herbes grossièrement et concasser le fromage de chèvre, puis disposer le tout sur le fond de pâte que vous arroserez avec un peu moins de crème fleurette. La tarte sera alors plus rustique.

Voici un surprenant mélange sucré et salé, où la douceur des pommes adoucit beaucoup le goût si particulier des poivrons. À déguster frais ou tiède !

Tians marinés de poivrons aux pommes

Préparation : 30 min
Cuisson : 30 à 40 min
Réfrigération : 4 h

Pour 4 tians individuels

- 3 ou 4 poivrons verts ou rouges (selon leur grosseur)
- 4 belles pommes reine des reinettes
- Persil plat
- Sel, poivre blanc

Enfournez les poivrons à 150 °C (th. 5), dans un moule ou sur une plaque, pour les peler. Retournez-les régulièrement pour que chaque côté dore. Cette phase dure de 20 à 30 minutes selon le four et les poivrons : surveillez bien ces derniers pour éviter qu'ils ne brûlent.

Sortez les poivrons du four et placez-les dans un sac en plastique alimentaire pendant 30 minutes. Ce temps passé, retirez-les du sac et pelez-les à l'aide d'un couteau à bout rond pour ne pas les abîmer.

Pelez les pommes et épépinez-les. Coupez-les en tranches fines et placez-les dans un saladier en verre. Versez un petit verre d'eau dans le saladier, poudrez d'une bonne pincée de sel et de poivre blanc et faites cuire les pommes au four à micro-ondes à mi-puissance pendant 10 minutes, en recouvrant le saladier d'un film alimentaire non percé.

Ouvrez les poivrons, épépinez-les et placez-les à plat sur une planche à découper. Découpez-y des cercles avec un verre à tapas ou un petit ramequin, en vous servant de cet ustensile comme d'un emporte-pièce. Salez les rondelles de poivron.

Montez les tians dans chaque verre ou ramequin en plaçant au fond une rondelle de poivron puis des tranches de pomme pour former des couches successives jusqu'en haut des moules. Couvrez d'un film alimentaire et posez sur le film une boîte de conserve ou un autre verre rempli de haricots secs pour presser la préparation. Laissez reposer au frais pendant 4 heures.

Démoulez les tians en vous aidant d'une fine lame que vous passerez sur le tour du verre, puis décorez avec du persil plat. Accompagnez cette entrée de mesclun, ou d'une poignée de roquette rehaussée de pignons de pin grillés et de persil plat haché.

Conseil Vous pouvez aussi passer les verres ou les ramequins 4 minutes au four à micro-ondes à mi-puissance pour faire tiédir les tians avant de les démouler et de les servir.

Petit, je détestais les côtes de blettes en gratin ou cuites à l'eau. J'ai redécouvert plus tard ce légume qui retrouve toute sa noblesse lorsqu'il est bien accompagné. Si vous préférez les haricots verts, voici une recette simple mais savoureuse !

Sauté de blettes aux lardons et pignons de pin

Préparation : 20 min
Cuisson : 25 min

Pour 4 personnes

- 8 belles côtes de blettes
- 200 g de lardons fumés
- 80 g de pignons de pin
- 1/2 oignon
- 1 gousse d'ail
- 1 poignée de persil plat

Supprimez les feuilles des côtes de blettes et lavez les côtes à grande eau.

Détaillez les côtes en petits tronçons de taille égale. Faites-les cuire 10 minutes environ à l'eau bouillante. Vérifiez la cuisson en piquant une lame de couteau dans les côtes : celles-ci doivent être tendres. Égouttez et réservez.

Chauffez un wok ou une grande poêle. Faites sauter les lardons à sec, ajoutez le demi-oignon haché, l'ail haché et les pignons. Attendez que l'oignon soit fondant avant d'ajouter les côtes de blettes, puis poursuivez la cuisson 10 minutes afin que les côtes s'imprègnent du jus de cuisson. Parsemez de persil plat haché et servez.

Haricots verts au citron, lardons et oignon cru

Préparation : 20 min
Cuisson : 20 min

Pour 4 personnes

- 1 kg de haricots verts fin frais
- 200 g de lardons fumés
- 1 oignon blanc ou rouge
- 1 citron
- Beurre
- Sel, poivre

Lavez et équeutez les haricots verts puis plongez-les 20 minutes dans une casserole d'eau bouillante, en surveillant la cuisson : ils doivent rester croquants. Poêlez les lardons fumés sans matière grasse.

Épluchez l'oignon, coupez-le en deux puis en demi-rondelles fines. Pressez le citron. Égouttez les haricots verts cuits et disposez-les dans un saladier. Ajoutez 80 g de beurre, l'oignon, les lardons et le jus de citron. Salez et poivrez. Mélangez et servez.

Lorsque l'automne pointe son nez, rien de tel qu'une bonne soupe pour un dîner entre amis. La citrouille peut se rehausser de mille façons : avec des amandes, elle se fait ronde et sucrée.

Soupe de citrouille aux amandes

Préparation : 30 min

Cuisson : 45 à 50 min

Pour 6 à 8 personnes

- 800 g de citrouille pelée et épépinée
- 2 oignons rouges
- 150 g d'amandes en poudre
- Amandes effilées pour la décoration
- Huile d'olive
- Crème fraîche
- Sel, poivre

Pelez et ciselez les oignons. Épluchez la citrouille et épépinez-la soigneusement ; coupez la chair en dés réguliers à l'aide d'un grand couteau.

Dans une cocotte, faites suer les oignons avec 2 cuillerées à soupe d'huile d'olive, sans les laisser colorer, pendant 5 minutes.

Ajoutez les cubes de citrouille et faites-les revenir 5 à 10 minutes à feu moyen, en remuant constamment avec une cuillère en bois pour éviter toute coloration au fond de la cocotte.

Versez juste assez d'eau pour recouvrir les cubes de citrouille, puis ajoutez la poudre d'amande, salez et poivrez généreusement. Laissez mijoter 40 minutes à feu moyen, en remuant régulièrement pour éviter que la citrouille n'accroche au fond de la cocotte.

Faites dorer les amandes effilées à sec (sans matière grasse), à la poêle ou au four pour obtenir une belle coloration.

La soupe étant cuite, mixez-la avec un presse-purée ou un robot plongeur, directement dans la cocotte. Rectifiez l'assaisonnement et ajoutez 2 cuillerées à soupe de crème fraîche. Mélangez avec la cuillère en bois et versez dans des bols individuels. Saupoudrez d'une pincée d'amandes grillées et servez aussitôt.

Variante

Dans cette recette, les amandes peuvent se remplacer par des noisettes qui s'associent bien à la citrouille.

Conseil

Pour un effet plus frais, ajoutez de la coriandre fraîche 5 minutes avant la fin de la cuisson.

Entrée légère et végétarienne, cette tarte fine peut présenter mille variantes en fonction des herbes utilisées. Mais veillez à préserver son côté fin et croustillant qui fait sa singularité !

Tarte *fine* aux courgettes

Préparation : 25 min

Cuisson : 35 min

Pour 6 à 8 personnes

- 1 fond de pâte feuilletée
- 2 courgettes vertes ou blanches
- 2 cuil. à soupe de moutarde à l'ancienne
- 3 feuilles d'oseille fraîche ou 1 poignée de coriandre fraîche
- Noisettes concassées ou pignons de pin
- Huile d'olive
- Gros sel, poivre

Lavez les courgettes et découpez-les en tranches fines. Faites-les cuire 4 minutes à l'eau bouillante salée, puis égouttez-les et passez-les sous l'eau froide pour arrêter la cuisson et conserver leur couleur. Disposez les tranches de courgette sur un torchon ou du papier absorbant.

Déroulez la pâte feuilletée sur une plaque de cuisson huilée ou tapissée de papier sulfurisé. Préchauffez le four à 180 °C (th. 6).

Étalez la moutarde sur le fond de tarte. Hachez finement l'oseille ou la coriandre et saupoudrez ces herbes sur la moutarde.

Disposez ensuite les courgettes sur le fond de tarte, de l'extérieur vers l'intérieur, en faisant chevaucher légèrement les tranches comme pour une tarte aux pommes. Saupoudrez de poivre et de noisettes concassées ou de pignons, et arrosez d'un filet d'huile d'olive.

Enfournez la tarte 30 minutes, en surveillant la cuisson pendant les 10 dernières minutes pour obtenir une belle coloration.

Variante Vous pouvez, 5 minutes avant la fin de la cuisson, saupoudrer la tarte de parmesan râpé. La moutarde peut être remplacée par un mélange de crème fraîche épaisse et de parmesan râpé rehaussé d'une bonne pincée de poivre noir.

Lorsque les courgettes grossissent un peu trop vite au jardin, je réalise cette recette qui nous change un peu de la fameuse courgette farcie !

Gratin de courgettes et pâtes au parmesan

Préparation : 20 min

Cuisson : 25 à 30 min

Pour 6 à 8 personnes

- 2 belles courgettes d'1 kg chacune
- 500 g de pâtes sèches (pennes, fusillis…)
- 100 g de parmesan
- 1 oignon blanc
- 2 gousses d'ail
- Huile d'olive
- Sel, poivre

Lavez et épluchez les courgettes avec un couteau économe. Épépinez-les si elles sont grosses, puis détaillez-les en fines lamelles. Pelez et hachez grossièrement l'ail et l'oignon blanc.

Préchauffez le four à 180 °C (th. 6).

Chauffez 3 cuillerées à soupe d'huile d'olive dans un wok ou une grande poêle et faites-y suer l'ail et l'oignon blanc puis les courgettes, en prenant soin de ne pas les laisser trop colorer.

Pendant ce temps, faites cuire les pâtes *al dente* dans une marmite d'eau salée. Égouttez les pâtes et arrêtez la cuisson des courgettes.

Versez les pâtes et les courgettes dans un plat à gratin. Salez, poivrez et saupoudrez de parmesan râpé. Versez un filet d'huile d'olive et enfournez pour 20 à 25 minutes, en surveillant la fin de cuisson.

Je réalise toujours cette recette pour sauver les dernières tomates qui n'auront pas le temps de mûrir avant les premiers frimas. Avant, je n'ai jamais le courage de les cueillir... mais pas de regrets, car cette confiture est vraiment excellente !

Confiture de tomates *vertes*

Préparation : 20 min

Cuisson : 45 à 50 min

Pour 6 à 8 pots

- 1,5 kg de tomates vertes
- 900 g de sucre cristallisé
- 2 citrons verts non traités

Lavez soigneusement les pots et les couvercles, ébouillantez-les et laissez-les sécher à l'envers sur un torchon propre.

Lavez bien les tomates et essuyez-les ; coupez-les en quartiers. Pressez le jus des citrons et gardez 2 ou 3 zestes.

Versez le sucre, les quartiers de tomate, le jus des citrons et les zestes dans la bassine à confiture. Faites cuire à feu doux pendant 45 à 50 minutes en écumant de temps en temps. À la fin de la cuisson, les tomates doivent être transparentes.

Écumez une dernière fois et remplissez les pots immédiatement. Refermez les pots et retournez-les. Laissez refroidir.

Lorsque les soirées commencent à fraîchir, une bonne soupe de légumes est idéale pour réchauffer les cœurs !

Soupe du jardin aux herbes

Préparation : 30 min

Cuisson : 1 h 05

Pour 6 personnes

- 2 bulbes de fenouil
- 4 pommes de terre
- 2 poireaux
- 2 courgettes
- 1 oignon
- 2 gousses d'ail
- Quelques brins de ciboulette, persil plat, coriandre fraîche, aneth et oseille
- Crème fleurette
- Beurre
- Sel, poivre

Pelez l'oignon et l'ail, puis hachez-les. Lavez les légumes, épluchez-les et coupez-les en dés.

Dans une cocotte, faites suer l'oignon et l'ail avec une noisette de beurre, ajoutez les légumes lavés et poursuivez la cuisson pendant 5 minutes en remuant constamment.

Versez assez d'eau pour couvrir les légumes. Salez, poivrez et parsemez des herbes hachées. Laissez cuire pendant 1 heure à feu moyen.

Mixez la soupe avec un presse-purée ou un robot plongeur, ajoutez 30 cl de crème fleurette et servez, saupoudré de quelques fines herbes hachées.

Tartiné sur des tranches de pain complet, ce caviar d'aubergine prend tout son sens autour d'un bon verre entre amis quand l'aubergine est aussi douce qu'un soir d'été...

Caviar d'aubergine au citron et pignons de pin

Préparation : 20 min

Cuisson : 40 min

Pour 1 bol

- 2 belles aubergines
- 1 ou 2 gousses d'ail (selon votre goût)
- 1 citron
- 100 g de pignons de pin
- Huile d'olive ou d'argan
- 4 tiges de coriandre fraîche
- Sel, poivre

Enfournez les aubergines pendant 40 minutes à 150 °C (th. 5). Sortez-les ensuite du four et laissez-les un peu refroidir pour ne pas vous brûler.

Ouvrez les aubergines en deux à l'aide d'un grand couteau et videz-les avec une cuillère. Récupérez la pulpe dans le bol d'un mixeur. Ajoutez l'ail pelé, le jus du citron, du sel, du poivre, la coriandre fraîche et 4 cuillerées à soupe d'huile. Mixez sans excès pour garder un peu de matière.

Faites griller les pignons de pin à sec (sans matière grasse) dans une poêle ou au four et ajoutez-les au caviar d'aubergine avec un filet d'huile.

Conseil

Servez cet onctueux caviar avec du pain complet ou du pain aux céréales.

Manger des fleurs, quel bonheur ! Dans le presbytère du village voisin, mille fleurs ne demandent qu'à parfumer une jolie salade à croquer ! Pourquoi résister ?

Salade de fleurs du presbytère

Préparation : 10 min

Pour 4 personnes

- 1 salade lollo rosa ou 300 g de pousses d'épinard
- 24 fleurs de capucine
- 2 poignées d'un mélange de fleurs de thym, de sarriette des montagnes, de coriandre et d'aneth
- Huile de colza ou autre huile douce
- Vinaigre balsamique
- Sel, poivre

Lavez la salade et préparez-la en déchirant les feuilles en petites bouchées. Lavez les fleurs séparément en les plongeant rapidement dans l'eau et en les égouttant à la main. Si certaines fleurs ne nécessitent pas de lavage, abstenez-vous de le faire, leur saveur n'en sera que meilleure.

Disposez sur chaque assiette un lit de salade et les fleurs de façon harmonieuse… comme un bouquet !

Préparez une vinaigrette avec 3 cuillerées à soupe d'huile de colza pour 1 de vinaigre balsamique, du sel et du poivre. Versez la vinaigrette sur la salade et les fleurs, à l'aide d'une cuillère.

Servez sans attendre : les fleurs se fanent rapidement !

Conseil Évitez d'utiliser des salades au goût trop fort, comme la roquette ou la frisée, du vinaigre de vin, trop acide pour révéler la vraie saveur des fleurs, ainsi que l'ail, l'échalote ou l'oignon haché. Assurez-vous que les fleurs que vous voulez cuisiner sont comestibles. Certaines sont jolies mais toxiques !

Quel bonheur de retrouver ici le goût des tomates du jardin dans une entrée aussi rafraîchissante et nature !

Gaspacho de tomates aux herbes

Préparation : 30 min

Réfrigération : 2 à 3 h

Pour 6 personnes

- 1,5 kg de tomates (cœur de bœuf, si possible)
- 1 brin de thym frais
- 6 feuilles de basilic
- 2 tiges de coriandre fraîche
- 2 tiges de persil plat
- 6 brins de ciboulette
- Huile d'olive
- Sel, poivre

Faites chauffer de l'eau dans une grande casserole.

Lavez les tomates, supprimez le pédoncule et incisez la peau en forme de croix du côté opposé, à la base des fruits.

Préparez un saladier d'eau très fraîche avec des glaçons. Plongez tour à tour 3 à 4 tomates dans l'eau bouillante pendant 1 minute, puis récupérez-les avec une écumoire pour les plonger dans l'eau froide. Vous pourrez ainsi les peler aisément. Ceci fait, coupez les tomates en six et passez-les au mixeur en ajoutant du sel, du poivre et 1 cuillerée à soupe d'huile d'olive.

Hachez finement les herbes, à l'exception du thym. Ajoutez-les au gaspacho de tomate, ainsi que le brin de thym, couvrez d'un film alimentaire et réservez au frais pendant 2 ou 3 heures. Ôtez le brin de thym au moment de servir.

Inspirée de la cuisine du Sud, cette salade de légumes est très rafraîchissante et se décline à l'envi… alors n'hésitez pas à marier les saveurs !

Salade de roquette aux légumes marinés

Préparation : 45 min

Cuisson : 20 à 30 min

Repos et marinade : 2 h 30 au moins

Pour 4 personnes

- 4 poignées de roquette
- 2 poivrons
- 2 petites courgettes
- 1 aubergine
- 2 gousses d'ail
- Huile d'olive
- Vinaigre balsamique
- Sel, poivre

Conseil

Des pignons de pin ou des amandes grillées apportent une note agréable… tant pour la décoration que pour le goût !

Enfournez les poivrons à 150 °C (th. 5), dans un moule ou sur une plaque, pour les peler. Retournez-les régulièrement pour que chaque côté dore. Cette phase dure de 20 à 30 minutes selon le four et les poivrons : surveillez bien ces derniers pour éviter qu'ils ne brûlent.

Sortez les poivrons du four et placez-les dans un sac en plastique alimentaire pendant 30 minutes. Ce temps passé, retirez-les du sac et pelez-les à l'aide d'un couteau à bout rond pour ne pas les abîmer.

Placez les poivrons dans un plat, versez dessus une demi-louche d'huile d'olive, de l'ail haché, du sel et du poivre. Couvrez d'un film alimentaire et réservez au moins 2 heures au frais.

Parallèlement, lavez et séchez les courgettes et l'aubergine. Coupez-les en fines tranches dans le sens de la longueur du légume.

Chauffez une poêle à griller légèrement huilée et faites-y cuire 10 minutes les tranches de légumes en marquant chaque côté. Réservez-les ensuite dans un plat avec de l'huile d'olive et 1 gousse d'ail pressée, du sel et du poivre. Mettez au frais pendant au moins 2 heures.

Lavez la roquette et égouttez-la soigneusement.

Préparez une vinaigrette avec 3 cuillerées à soupe d'huile d'olive ayant servi à la marinade, 1 cuillerée à soupe de vinaigre balsamique, du sel et du poivre. Assaisonnez la salade et transférez-la dans un plat. Disposez les légumes marinés et égouttés sur la salade et servez aussitôt.

Cette recette est aussi décorative que savoureuse, ludique à préparer même si elle demande un peu de temps. Elle sera sans nul doute plébiscitée par les amateurs de légumes !

Croustillants de perles de légumes à l'oseille

Préparation et cuisson :
1 h 30

Pour 4 feuilletés

- 4 fonds de pâte feuilletée
- 6 belles carottes
- 4 beaux navets
- 1 kg de petits pois frais
- 2 œufs
- 300 g de crème fleurette
- Beurre
- 4 belles feuilles d'oseille
- Graines de sésame
- Gros sel, fleur de sel, poivre

Lavez et épluchez les navets et les carottes, puis réservez-les. Écossez les petits pois et faites-les cuire 15 minutes à l'eau bouillante salée.

À l'aide d'une cuillère à perles de légumes, détaillez les carottes et les navets en perles. Faites-les cuire séparément à l'eau bouillante salée, car les carottes cuisent moins vite (4 minutes) que les navets (2 minutes) et colorent l'eau de cuisson. Plongez ensuite les perles de légumes (petits pois, navets et carottes) dans de l'eau froide pour arrêter la cuisson, égouttez-les et réservez-les.

Pendant ce temps, déroulez les ronds de pâte feuilletée et pliez-les en quatre. Découpez un carré dans ce pliage, sans perdre trop de pâte mais en taillant tout de même les quatre côtés : pincer les quatre épaisseurs de pâte est déterminant pour une levée régulière.

Préchauffez le four à 180 °C (th. 6).

Séparez les blancs des jaunes d'œufs. Réservez les blancs pour un autre usage, battez les jaunes avec un peu d'eau tiède. Dorez les carrés de feuilletage au jaune d'œuf, à l'aide d'un pinceau. Laissez reposer 10 minutes et dorez une nouvelle fois les feuilletés. Saupoudrez-les de fleur de sel et de graines de sésame, puis enfournez-les 10 à 15 minutes, en surveillant la cuisson.

Pendant ce temps, lavez, séchez et hachez l'oseille. Faites fondre une bonne noisette de beurre dans une poêle et jetez-y l'oseille. Déglacez avec la crème fraîche en remuant avec une cuillère.

Plongez les perles de légumes dans la crème à l'oseille. Salez et poivrez. Laissez épaissir sans trop attendre.

Sortez les feuilletés du four, coupez-les en deux dans le sens de l'épaisseur. Disposez les fonds dans les assiettes, versez-y une louche de crème aux perles et refermez avec le « couvercle » des feuilletés. Servez sans tarder.

Variante

Vous pouvez ajouter dans cette recette des crevettes sautées ou des goujonnettes (languettes) de poisson (perche, panga, lotte, sole) que vous aurez pris soin de faire précuire à la poêle avec un peu d'ail.

Les recettes de *mon* VERGER

Sagement alignés, les fruitiers rythment
les saisons plus que tout autre arbre.
On surveille religieusement les bourgeons en
espérant qu'ils seront à l'abri des dernières
gelées, on admire les belles fleurs…
promesses d'une bonne récolte !
Et on guette avec amour les fruits qui
grossissent au rythme des pluies et du soleil…
pour enfin les savourer dès qu'ils sont
parvenus à maturité !
Natures, cuisinés ou en confitures, les fruits
nous offrent le vrai goût des bonnes choses,
comme la subtilité d'une pêche juteuse
ou la fraîcheur d'une pomme croquante.

Pour prolonger le bonheur de la belle saison des abricots, voici un dessert très simple à préparer et qui régale aussi bien les petits que les grands.

Tartelettes aux abricots et aux amandes

Préparation : 20 min

Cuisson : 25 min

Pour 4 tartelettes

- 2 fonds de pâte sablée
- 1 kg d'abricots
- 150 g d'amandes effilées
- 50 g de cassonade
- 2 œufs
- 10 cl de crème fraîche

Déroulez les fonds de pâte sablée et découpez dedans 4 carrés de 8 à 10 centimètres, ainsi que 16 bandes d'1 centimètre de large. Positionnez les bandes de pâte en bordure de chaque carré et appuyez légèrement pour les faire adhérer. Placez les fonds de tartelette sur une plaque à pâtisserie recouverte de papier sulfurisé.

Dénoyautez les abricots et coupez chaque lobe en deux.

Préchauffez le four à 180 °C (th. 6).

Dans une jatte, battez les œufs et la crème fraîche. Ajoutez-y les deux tiers des amandes effilées et de la cassonade.

Étalez au centre de chaque tartelette le quart de cette préparation et placez-y les demi-lobes d'abricot, côte à côte. Saupoudrez avec le reste des amandes et de la cassonade et enfournez 25 minutes, en surveillant attentivement la fin de cuisson.

Servez ces tartelettes tièdes.

Conseil

Vous pouvez accompagner vos tartelettes d'une boule de glace au nougat ou au caramel.

Inspirée de mes voyages au Maroc, cette recette célèbre en toute simplicité les épousailles de la rose et de la fraise en un mariage subtil, floral et fruité.

Soupe de fraises à l'eau de rose

Préparation : 15 min
Réfrigération : 2 h

Pour 6 personnes

- 1,5 kg de fraises gariguette
- 4 cuil. à soupe d'eau de rose
- 100 g de sucre en poudre
- Poivre blanc

Rincez rapidement les fraises et supprimez délicatement le pédoncule.

Placez les fraises dans le bol d'un mixeur avec l'eau de rose et le sucre en poudre. Donnez trois tours de moulin de poivre blanc. Mixez l'ensemble par pressions rapides et espacées pour ne pas chauffer la soupe.

Réfrigérez la soupe pendant au moins 2 heures pour qu'elle soit bien fraîche, et servez-la dans des petits bols individuels.

Conseil

Vous pouvez décorer cette soupe de feuilles de menthe ou de pétales de roses, ou même de pétales de roses cristallisés (voir page 84).

Vous laisserez-vous tenter par la tarte aux quetsches de ma grand-tante Odile, cuisinière alsacienne émérite ou bien par le clafoutis aux pêches ? Ces deux recettes vous apporteront des saveurs différentes mais à coup sûr délicieuses.

Tarte aux quetsches de tante Odile

Préparation : 25 min

Cuisson : 40 min

Pour 6 à 8 personnes

- 1 fond de pâte sablée
- 1 kg de quetsches
- 150 g d'amandes en poudre
- 100 g de sucre en poudre
- 2 œufs
- 10 cl de crème fraîche liquide
- Cassonade ou sucre cristallisé

Étalez la pâte et garnissez-en un moule. Coupez l'excédent de pâte.

Essuyez et dénoyautez les quetsches. Préchauffez le four à 160 °C (th. 5-6). Dans un petit saladier, battez les œufs et la crème fraîche avec le sucre en poudre. Ajoutez les amandes au mélange.

Déposez cette préparation dans le fond de tarte, disposez les fruits en les faisant chevaucher, de l'extérieur vers l'intérieur.

Enfournez la tarte pour 40 minutes, puis sortez-la du four et saupoudrez-la de cassonade ou de sucre cristallisé.

Clafoutis aux pêches

Préparation : 20 min

Cuisson : 35 min

Pour 6 personnes

- 4 belles pêches
- 150 g de farine
- 150 g de sucre en poudre
- 4 œufs
- 1 pincée de sel
- 50 cl de crème fleurette
- 1 sachet de sucre vanillé
- Beurre, sel

Préchauffez le four à 180 °C (th. 6). Battez les œufs avec le sucre à l'aide d'un fouet. Ajoutez une pincée de sel, la farine petit à petit puis la crème fleurette doucement pour éviter les grumeaux.

Pelez les pêches et dénoyautez-les, puis coupez-les en six.

Beurrez un moule en céramique ou en verre à feu, versez-y la pâte et disposez les fruits. Enfournez le clafoutis 35 minutes.

Dix minutes après la sortie du four, saupoudrez le clafoutis de sucre vanillé. Ce gâteau se déguste tiède ou froid.

Certes, il faut bien l'avouer, ce qui est léger dans ce gâteau, c'est sa texture qui fait penser à la génoise, mais pourquoi se priver d'un tel régal ?

Gâteau *léger* aux cerises

Préparation : 30 min
Cuisson : 35 min

Pour 6 personnes

- 500 g de cerises
- 250 g de farine
- 200 g de sucre en poudre
- 4 œufs
- 80 g de beurre
- 20 cl de crème fleurette
- 1/2 sachet de levure chimique

Équeutez, lavez et séchez les cerises. Vous pouvez les dénoyauter si vous le souhaitez.

Préchauffez le four à 180 °C (th. 6).

Séparez les blancs d'œufs des jaunes. Battez les jaunes avec le sucre afin d'obtenir un mélange mousseux et blanchi. Ajoutez la farine, le beurre fondu, la levure et la crème fleurette.

Battez les blancs en neige et incorporez-les délicatement à la préparation pour ne pas faire retomber la pâte.

Beurrez et farinez un moule à gâteau, coulez la pâte dans le moule et ajoutez les cerises.

Enfournez pour 35 minutes environ. Pour vérifier la cuisson, piquez la lame d'un couteau au centre du gâteau : elle doit en ressortir sèche.

Variante Ce gâteau peut se faire aussi avec des pommes, des poires ou même un mélange de fruits du jardin. Évitez toutefois les fruits qui rendent trop de jus.

L'acidité de la rhubarbe se marie à merveille avec la douceur de la meringue : un mélange que je n'hésite pas quelquefois à combiner sur un fond de pâte sablée précuit.

Compote de rhubarbe meringuée

Préparation : 30 min

Cuisson : 20 min

Pour 6 personnes

- 2 kg de rhubarbe (poids avant épluchage)
- 200 g de cassonade
- 150 g de sucre en poudre
- 100 g de beurre
- 4 œufs
- Sel

Préparez la rhubarbe en supprimant le maximum de fils sur les côtes. Rincez les tiges et coupez-les en petits morceaux en continuant de les éplucher.

Faites fondre le beurre à feu doux, ajoutez la rhubarbe et la cassonade. Laissez compoter tout doucement jusqu'à obtenir un mélange homogène. Surveillez le fond de la casserole pour éviter que la compote n'accroche.

Pendant ce temps, séparez les blancs d'œufs des jaunes. Réservez les jaunes pour un autre usage. Montez les blancs en neige avec une pincée de sel. Ajoutez le sucre en poudre quand les blancs sont montés en neige et continuez à battre plus doucement.

Disposez la rhubarbe dans de petits ramequins allant au four et couvrez-la d'une couche de meringue.

Passez les ramequins au four à 160 °C (th. 5) pendant 10 minutes afin d'obtenir une légère coloration de la meringue.

Laissez refroidir avant de servir.

Voici un doux mélange sucré et acidulé qui remporte toujours un franc succès lors des petits déjeuners entre copains. Le jeu étant toujours de deviner quelle herbe subtile s'y cache !

Confiture de mirabelles à la verveine citronnelle

Préparation : 20 min

Cuisson : 45 à 50 min

Pour 6 à 8 pots

- 2 kg de mirabelles
- 1,5 kg de sucre cristallisé
- 1 citron vert non traité
- 6 branches de verveine citronnelle

Lavez soigneusement les pots et les couvercles, ébouillantez-les et laissez-les sécher à l'envers sur un torchon propre.

Essuyez les mirabelles, ouvrez-les en deux et retirez les noyaux. Pressez le jus du citron.

Versez le sucre, les mirabelles et le jus du citron dans la bassine à confiture. Faites cuire à feu vif jusqu'aux premiers bouillons. Laissez bouillir 10 minutes, puis laissez cuire à feu moyen encore 30 minutes en écumant de temps en temps.

À la fin de la cuisson, ajoutez les branches de verveine citronnelle et laissez cuire encore 5 minutes, puis retirez les branches.

Écumez une dernière fois et remplissez les pots immédiatement. Ajoutez une feuille de verveine citronnelle dans chaque pot.

Refermez et retournez les pots. Laissez refroidir.

Cette recette ancestrale a été rehaussée d'une touche d'exotisme grâce à la cardamome. C'est là le secret d'un dessert revisité, testé et approuvé !

Prunes au vin à la cardamome *et aux fleurs de thym*

Préparation : 15 min

Cuisson : 25 min

Pour 6 personnes

- 1 kg de prunes
- 1 bouteille de bordeaux
- 200 g de sucre en poudre
- 10 graines de cardamome
- 6 brins de thym en fleur

Lavez et dénoyautez les prunes.

Versez dans une casserole le vin rouge, le sucre en poudre, 5 brins de thym et les graines de cardamome. Remuez et faites tiédir le mélange pendant 5 minutes à feu très doux.

Plongez alors les prunes dans ce bain et laissez-les cuire à feu vif pendant 5 minutes, puis à feu moyen pendant 15 minutes.

Supprimez les brins de thym et les graines de cardamome, transférez les prunes et leur jus dans un saladier et décorez l'ensemble avec quelques fleurs de thym ou même de feuilles de menthe.

Conseil

Servez tiède avec une génoise ou une boule de glace à la vanille.

Les cailles faisaient partie de mes délices d'enfance : j'avais alors l'impression de dévorer un poulet à moi tout seul ! Bardé de pommes et de lard, cet oiseau délicat est un véritable régal !

Cailles bardées au lard *et aux pommes*

Préparation : 35 min

Cuisson : 50 à 55 min

Pour 6 personnes

- 6 ou 9 cailles (selon votre appétit)
- 4 pommes
- 6 ou 9 tranches fines de lard fumé
- 1 oignon
- 1 gousse d'ail
- 2 brins de thym
- Vin blanc
- Huile d'olive
- Sel, poivre

Épluchez les pommes et coupez-les ensuite en tranches fines. Pelez l'oignon et la gousse d'ail, puis ciselez-les finement.

Videz les cailles et garnissez l'intérieur de chutes de pomme. Placez des tranches de pomme autour des cailles, contre la peau, et maintenez-les en place en enveloppant chaque oiseau d'une tranche de lard. Ficelez les cailles.

Dans une cocotte, faites suer l'oignon avec un filet d'huile d'olive. Réservez l'oignon dans un bol. Faites alors revenir et dorer les cailles dans la cocotte, par trois ou quatre pour ne pas les abîmer en les retournant. Prenez soin au préalable de les saler et de les poivrer généreusement.

Replacez ensuite toutes les cailles dans la cocotte. Versez 50 cl de vin blanc et 2 grands verres d'eau pour mouiller les cailles à mi-hauteur. Ajoutez l'ail ciselé, le thym et 2 pincées de sel.

Laissez mijoter environ 45 minutes en retournant régulièrement les cailles et en veillant à ce que le fond de la cocotte n'accroche pas.

Servez avec une purée maison ou un gratin de courgettes.

Variante Avant de mouiller les cailles avec le vin, vous pouvez les flamber avec un verre de cognac.

Voici une belle façon de savourer tout le parfum d'une bonne poire, rehaussé d'une touche de menthe.
La pomme n'est pas en reste avec cette recette qui combine de bons ingrédients de ma région, le Perche.

Poires vapeur à la menthe

Préparation : 10 min

Cuisson : 40 à 45 min

Pour 4 personnes

- 4 belles poires comice ou william
- 200 g de cassonade
- 1 bouquet de menthe

Épluchez les poires en conservant leur queue.

Dans une casserole à deux étages, spéciale cuisson vapeur, mélangez 1 l d'eau, la cassonade et le bouquet de menthe.

Placez les poires dans l'étage supérieur et laissez-les cuire pendant 40 à 45 minutes. Vérifiez leur cuisson en piquant un couteau pointu dans la chair : les fruits doivent être fondants.

Conseil Vous pouvez servir les poires ainsi, ou bien faire réduire le jus de cuisson et en napper les fruits. Décorez avec quelques feuilles de menthe fraîche.

Pommes au cidre et au miel

Préparation : 20 min

Cuisson : 20 min

Pour 6 personnes

- 4 pommes pink lady
- 1 bouteille de cidre brut
- 8 cuil. à soupe de miel de fleurs
- 1 cuil. à soupe de calvados (facultatif)
- Brioche

Épluchez et épépinez les pommes, coupez-les en quartiers.

Versez dans une casserole le cidre, le miel et le calvados. Remuez le mélange, portez à ébullition, puis plongez les quartiers de pomme dans ce bain. Laissez cuire à feu moyen pendant 10 à 15 minutes.

Ce temps passé, retirez les pommes et conservez-les au chaud dans un récipient couvert d'un film alimentaire. Laissez réduire le jus en remuant de temps à autre, jusqu'à obtenir un sirop permettant de napper les pommes.

Servez les pommes chaudes ou tièdes sur une tranche de brioche toastée et nappez avec le sirop.

Oubliez l'idée reçue selon laquelle le romarin n'agrémente que les plats salés et redécouvrez toute sa saveur en compagnie d'un mélange de pommes et de poires.

Crumble de pommes-poires et romarin

Préparation : 20 min

Cuisson : 35 min

Pour 6 personnes

- 4 belles poires william
- 4 belles pommes golden
- 250 g de farine
- 200 g de beurre mou
- 150 g de cassonade
- 1 tige de romarin

Épluchez les pommes et les poires, épépinez-les et coupez-les en petits dés. Lavez et effeuillez la tige de romarin. Mélangez les feuilles de romarin avec les dés de fruits.

Préchauffez le four à 180 °C (th. 6).

Dans un saladier, malaxez rapidement avec les mains le beurre, la farine et la cassonade afin d'obtenir une pâte farineuse qui s'effrite entre les doigts sans coller.

Disposez les fruits dans un moule en terre cuite ou en verre à feu. Couvrez-les de pâte, en une couche d'au moins 1,5 cm.

Enfournez pour 35 minutes environ, jusqu'à ce que le crumble soit doré. Surveillez la fin de cuisson pour que la surface ne brûle pas.

Conseil

Dégustez ce crumble avec une boule de glace à la vanille, à la pomme ou à la poire, selon votre goût.

Lorsque j'étais enfant, une voisine à la campagne, Madame Farner, nous confectionnait souvent ce gâteau. La recette remporte toujours un vif succès auprès des petits comme des grands !

Gâteau *de Madame Farner* aux pommes

Préparation : 20 min

Cuisson : 20 min

Pour 6 à 8 personnes

- 4 pommes golden
- 200 g de farine
- 150 g de sucre en poudre
- 3 œufs
- 20 cl de crème fraîche
- 1 sachet de levure chimique
- 1 sachet de sucre vanillé
- Beurre

Épluchez et évidez les pommes avec un vide-pomme. Coupez-les ensuite en tranches d'1 cm d'épaisseur environ.

Préchauffez le four à 180 °C (th. 6).

Dans un saladier, battez les œufs et le sucre en poudre afin d'obtenir un mélange bien mousseux. Ajoutez la crème fraîche, la farine et la levure.

Beurrez et farinez une plaque à pâtisserie, versez-y la pâte et étalez-la avec une spatule.

Garnissez la pâte des tranches de pomme, en rangées de quatre.

Enfournez pour 20 minutes environ en surveillant la cuisson : le gâteau doit avoir une belle couleur dorée sans trop colorer.

Dix minutes après la sortie du four, saupoudrez de sucre vanillé.

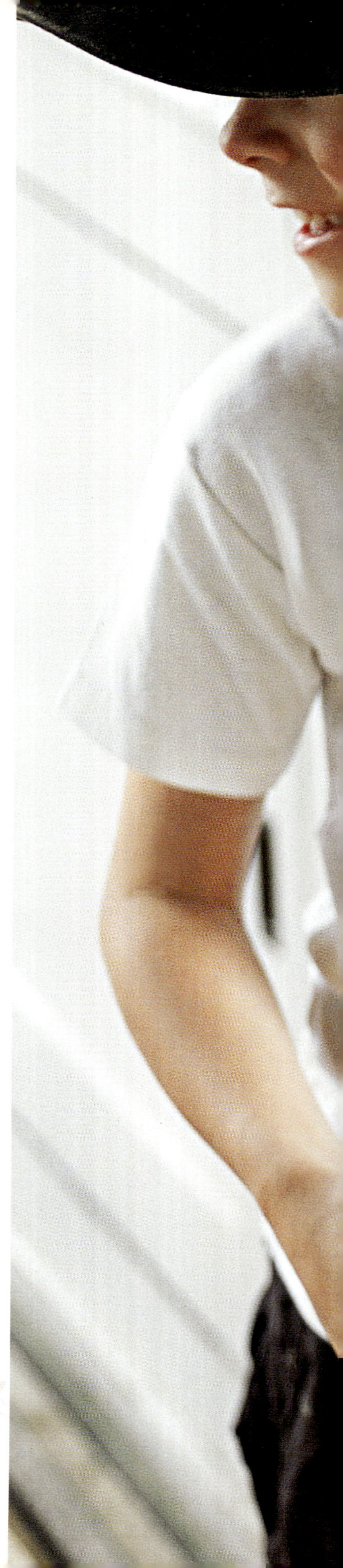

Le mélange de la pomme et du fromage de chèvre est vraiment savoureux. C'est une entrée à la fois fraîche et authentique que je sers aussi bien en hiver qu'en été.

Tartines de pommes au chèvre frais

Préparation : 20 min

Cuisson : 7 à 17 min

Pour 4 personnes

- 2 pommes golden
- 2 crottins de Chavignol ou fromages de chèvre mi-frais
- Salade ou mesclun
- Huile d'olive
- 2 cuil. à soupe de cidre ou de vinaigre de framboise
- Ciboulette
- Sel, poivre

Épluchez les pommes et épépinez-les avec un vide-pomme.

Coupez les fruits en tranches d'1 cm d'épaisseur et utilisez dans chaque pomme les deux tranches centrales, les plus belles.

Placez celles-ci dans un récipient avec un peu d'eau, couvrez d'un film alimentaire non percé et faites précuire au four à micro-ondes à pleine puissance pendant 2 minutes. Égouttez les tranches.

Coupez les crottins en deux et posez chaque moitié sur une tranche de pomme. Placez ces toasts au chèvre sur une plaque de cuisson et faites gratiner sous le gril du four, 5 à 15 minutes selon le fromage employé, jusqu'à obtenir une légère couleur rousse et un fromage un peu fondant.

Pendant ce temps, préparez dans chaque assiette un fond de salade. Assaisonnez avec une vinaigrette au cidre ou au vinaigre de framboise. Salez et poivrez. Saupoudrez de ciboulette ciselée.

Sortez les toasts du four et servez sans attendre, à l'assiette.

La pintade se prête bien aux mélanges sucrés-salés. Avec des pêches, c'est exquis !

Pintade rôtie à la pêche *de vigne*

Préparation : 30 min

Cuisson : 1 h à 1 h 10

Pour 4 personnes

- 1 pintade fermière
- 1,5 kg de pêches de vigne
- 1 bouteille de vin blanc moelleux
- 1 petit-suisse
- 1 oignon
- 4 gousses d'ail
- 1 tige de romarin
- Beurre
- Sel poivre

Préparez la pintade et glissez dans la carcasse les quartiers de 2 ou 3 pêches que vous aurez pelées et dont vous aurez retiré les noyaux. Placez aussi dans la pintade un petit-suisse pour apporter du moelleux à la viande pendant la cuisson. Salez, poivrez et ficelez la volaille.

Déposez-la dans un plat creux avec une noix de beurre et disposez autour d'elle l'oignon pelé et coupé en quatre, ainsi que les gousses d'ail non épluchées et le romarin. Arrosez avec un verre de vin blanc.

Enfournez à 180 °C (th. 6) pendant une bonne heure. Arrosez la pintade toutes les 10 minutes en ajoutant régulièrement un autre verre de vin, et retournez-la de temps à autre en cours de cuisson.

Pendant ce temps, épluchez les pêches et dénoyautez-les, puis coupez-les en quartiers. Disposez ces quartiers de pêches autour de la pintade 10 minutes avant la fin de cuisson.

Lorsque la pintade est cuite, sortez-la du four, découpez-la et réservez les morceaux au chaud avec les quartiers de pêches. Filtrez le jus de cuisson et rectifiez son assaisonnement en le goûtant.

Servez la pintade en l'arrosant avec son jus.

L'agneau accompagné de fruits fait merveille, à l'image des succulents tagines que l'on déguste dans le Maghreb.

Sauté d'agneau aux pêches de vigne *et aux noix*

Préparation : 30 min

Cuisson : 40 min

Pour 6 personnes

- 8 morceaux d'agneau (1,2 kg au total)
- 1,5 kg de pêches de vigne
- 150 g de noix décortiquées
- 50 g de raisins de Corinthe
- 1 oignon
- 2 tiges de persil
- Vin blanc
- Huile d'olive
- Farine
- Sel, poivre

Épluchez l'oignon et émincez-le finement. Épluchez et dénoyautez les pêches en prenant soin de ne pas les abîmer.

Dans une cocotte, faites suer l'oignon avec un filet d'huile d'olive. Salez, poivrez et farinez les morceaux d'agneau, puis faites-les revenir sur toutes leurs faces dans la cocotte.

Ajoutez les quartiers de 2 pêches, versez 50 cl de vin blanc et 2 verres d'eau pour mouiller la viande à mi-hauteur. Ajoutez le persil et 2 pincées de sel. Laissez mijoter 30 minutes en couvrant et en surveillant la cuisson.

Au bout de ce temps, rectifiez l'assaisonnement, ajoutez le reste des pêches, les noix et les raisins de Corinthe. Baissez le feu au minimum et poursuivez la cuisson pendant 10 minutes.

Variante Vous pouvez aussi préparer cette recette en tagine. Dans ce cas, faites revenir la viande (non farinée) dans la cocotte, puis placez-la dans le plat du tagine avec les pêches, les noix et les raisins. Mouillez uniquement avec un verre de vin et laissez cuire à l'étouffée pendant 25 minutes.

Impossible de rater la préparation de votre foie gras avec cette recette : même ceux qui se jugent les moins doués en cuisine y parviendront !

Pressé de foie gras aux pommes caramélisées

Préparation : 45 min

Cuisson : 15 min

Réfrigération : 12 h minimum

Pour une terrine à partager à 4 ou 6 personnes

- 1 foie gras cru d'environ 450 g
- 500 g de pommes rouges
- 80 g de sucre en poudre
- Sel, poivre du Setchuan

Demandez à votre boucher ou traiteur de dénerver au maximum les lobes de foie gras, ou dénervez-les délicatement vous-même.

À l'aide d'un couteau à fine lame, découpez les lobes de foie gras en tranches d'1 cm d'épaisseur. Épluchez les pommes et épépinez-les. Coupez-les en fines tranches régulières.

Chauffez une grande poêle et faites-y sauter les tranches de lobe salées et poivrées trois par trois, 1 minute de chaque côté. Réservez-les au fur et à mesure sur du papier absorbant pour éliminer le maximum de graisse. Entre deux cuissons, conservez dans un bol la graisse que les lobes ont rendue dans la poêle : elle vous servira plus tard.

Lorsque toutes les tranches de foie gras sont cuites, faites fondre 15 minutes les tranches de pomme dans la même poêle, en ajoutant la graisse du foie.

Conseil

Cette recette respecte vraiment les saveurs des aliments, il est donc inutile de rajouter des herbes ou des épices, mais le poivre du Setchuan apporte une note vraiment intéressante.

En fin de cuisson, saupoudrez les tranches de pomme de sucre en poudre pour les faire caraméliser tout doucement.

Remplissez une terrine en plaçant alternativement une couche de foie gras et une couche de tranches de pomme. Couvrez d'un film alimentaire et pressez la terrine avec une grosse boîte de conserve ou tout autre objet lourd.

Placez la terrine au moins 12 heures au frais, si possible 24 heures, et servez frais en tranches accompagné de pain de mie ou d'épice.

Variante Cette terrine peut être réalisée avec des figues fraîches que vous ferez poêler en ayant pris soin de supprimer leur peau.

Les recettes des prés *et* DE LA FORÊT

Chaque promenade est une promesse, la promesse de découvrir des lieux différents, de croiser une perdrix timide ou un lièvre coureur. Ce sont des moments que l'on peut savourer seul si l'on souhaite se ressourcer ou bien partager avec ses proches ou ses amis. Mais c'est aussi la promesse de revenir les bras chargés de trésors offerts par la nature : noisettes, châtaignes, mûres ou champignons, qui permettent de (re)découvrir la véritable saveur des produits de la campagne.

Croquez la vie à pleines dents avec ces bonnes tartines fraîches et savoureuses !

Tartines de fromage blanc à la cive sauvage et aux baies roses

Préparation : 15 min

Pour 6 tartines

- 6 tranches de pain de campagne ou aux céréales
- 2 fromages blancs en faisselle de 150 g
- 3 cuil. à soupe de baies roses
- 1 bouquet de cive sauvage ou de ciboulette
- Sel, poivre

Lavez et hachez la cive sauvage. Mélangez-la dans un grand saladier avec les fromages blancs égouttés. Ajoutez du sel, du poivre et 2 cuillerées à soupe de baies roses.

Faites toaster le pain au grille-pain et tartinez-le avec le mélange. Saupoudrez de quelques baies roses et dégustez aussitôt.

Conseil La cive sauvage pousse au bord des chemins au printemps. Elle ressemble à de la ciboulette avec des feuilles plus larges et creuses. Son odeur, entre la ciboulette et l'oignon, est facilement reconnaissable.

Pommes et girolles, un mariage inhabituel qui en surprendra plus d'un, surtout si vous le proposez sur une tranche de pain toasté !

Tartines de girolles *aux pommes*

Préparation : 25 min

Cuisson : 20 min

Pour 6 tartines

- 500 g de girolles
- 2 ou 3 pommes
- 6 belles tranches de pain
- Beurre
- Huile de tournesol
- 1 gousse d'ail
- 1 petit bouquet de persil plat

Épluchez les pommes et faites-les cuire doucement à la poêle avec une noisette de beurre.

Nettoyez les champignons et supprimez l'extrémité des pieds ou les parties abîmées. Lavez-les sans les laisser tremper pour ne pas les charger en eau. Détaillez-les en fines tranches.

Faites chauffer un filet d'huile de tournesol et une bonne noisette de beurre dans une poêle et ajoutez les girolles. Laissez-les rendre toute leur eau doucement, sans les dessécher, puis ajoutez le persil haché.

Frottez l'ail pelé sur les tranches de pain, beurrez légèrement ces dernières et faites-les dorer au four.

Confectionnez les tartines en étalant des tranches de pomme sur le pain et en ajoutant les girolles. Dégustez sans tarder.

Un des bonheurs de la campagne est la cueillette des champignons. Si vous revenez bredouille, restez zen, vous aurez au moins profité de la promenade !

Sauté de champignons en persillade

Préparation : 40 min

Cuisson : 30 min

Pour 4 personnes

- 500 g de rosés-des-prés
- 200 g de girolles
- 200 g de trompettes-de-la-mort
- 200 g de pieds-de-mouton
- 4 gousses d'ail
- 1/2 botte de persil plat
- Beurre
- Huile d'olive
- Sel, poivre

Grattez les champignons et supprimez l'extrémité des pieds ou les parties abîmées. Lavez-les séparément sans les laisser tremper pour ne pas les charger en eau. Détaillez les plus gros en fines tranches.

Pour la cuisson, l'idéal est de traiter chaque variété de champignons séparément, sachant qu'ils n'ont pas tous le même temps de cuisson. Pour cela, faites chauffer un filet d'huile d'olive et une bonne noisette de beurre dans une poêle et ajoutez les champignons. Laissez-les rendre toute leur eau doucement, sans les dessécher.

Pendant ce temps, épluchez et ciselez les gousses d'ail. Lavez et hachez grossièrement le persil plat.

Une fois les champignons cuits, faites fondre une bonne noisette de beurre dans une poêle et faites-y suer l'ail ciselé. Ajoutez tous les champignons, salez, poivrez et parsemez de persil haché.

Variante Il m'arrive de préparer cette persillade en mélangeant du persil et de la coriandre ou même en utilisant uniquement de la coriandre pour les amateurs. Vous pouvez ajouter un petit verre de vin blanc pendant la cuisson des champignons, et même crémer en fin de préparation !

Une omelette préparée avec des produits frais, n'est-ce pas un des plus grands plaisirs d'un soir d'automne ?

Omelette aux cèpes et au lard

Préparation : 25 min

Cuisson : 10 à 12 min

Pour 4 personnes

- 8 œufs frais
- 300 g de cèpes frais
- 100 g de lardons fumés
- Beurre
- Huile de tournesol
- Graines de cumin
- Persil
- Sel, poivre

Nettoyez les champignons et supprimez l'extrémité des pieds ou les parties abîmées, ainsi que la mousse des chapeaux si ceux-ci sont gros. Lavez-les sans les laisser tremper pour ne pas les charger en eau, puis détaillez-les en fines tranches.

Faites chauffer un filet d'huile de tournesol avec une bonne noisette de beurre dans une poêle. Ajoutez les cèpes, salez et poivrez. Laissez les champignons rendre toute leur eau doucement, sans les dessécher, puis parsemez-les d'une grosse pincée de persil haché.

Faites revenir les lardons fumés dans une poêle sans matière grasse et éliminez le gras après cuisson.

Cassez les œufs dans un saladier et battez-les en omelette après les avoir assaisonnés. Ajoutez les cèpes cuits, les lardons fumés et une pincée de graines de cumin. Mélangez le tout.

Faites chauffer un peu d'huile de tournesol dans une grande poêle avec une noisette de beurre, sur feu vif. Versez-y les œufs et leur garniture, puis laissez dorer pour obtenir l'omelette.

Si vous aimez l'omelette baveuse, pliez-la en deux avant de la servir. Si vous la préférez plus cuite, faites-la glisser sur une assiette, retournez la poêle sur l'assiette en prenant garde surtout de ne pas vous brûler les doigts, puis retournez l'ensemble avant de retirer l'assiette. Faites alors cuire l'omelette sur l'autre face.

Que préférez-vous ? un doux mélange de fruits d'automne ou bien une association étonnante entre le sureau et la pomme ? À vous de choisir !

Compote de pommes et châtaignes

Préparation : 30 min

Cuisson : 20 min

Pour 6 personnes

- 1 kg de pommes
- 500 g de châtaignes (sans leur bogue)
- 200 g de sucre en poudre
- 1 gousse de vanille
- le jus d'1 citron

Retirez l'enveloppe marron des châtaignes. Faites-les cuire à l'eau bouillante pendant 15 minutes et vérifiez la cuisson : les châtaignes doivent être tendres. Éliminez ensuite la peau fine de chaque fruit et réservez.

Épluchez les pommes et coupez-les en quartiers. Faites-les cuire 15 minutes avec un verre d'eau, le sucre, la gousse de vanille et le jus de citron et laissez compoter doucement 5 minutes en remuant régulièrement.

Ajoutez alors les châtaignes, retirez la gousse de vanille et réduisez le mélange en purée.

Conseil Dégustez cette compote tiède avec une boule de glace à la vanille.

Confiture de sureau aux pommes

Préparation : 20 min

Macération : 2 h

Cuisson : 15 à 20 min

Pour 6 à 8 pots

- 800 g de baies de sureau
- 600 g de pommes acides
- 1 kg de sucre en poudre
- 1 citron

Lavez soigneusement les pots et les couvercles, ébouillantez-les et laissez-les sécher à l'envers sur un torchon propre.

Épluchez les pommes et coupez-les en tranches fines. Égrainez et rincez les baies de sureau. Mélangez les fruits, le sucre en poudre et le jus du citron dans un saladier, puis laissez macérer pendant 2 heures.

Versez le contenu du saladier dans une bassine à confiture et portez doucement à ébullition. Écumez et laissez cuire 15 minutes en remuant.

Lorsque la confiture épaissit, arrêtez la cuisson. Remplissez les pots, refermez-les immédiatement et retournez-les. Laissez refroidir.

Cette soupe, surnommée « soupe du pauvre » en raison de ses ingrédients, est savoureuse, facile à préparer et surprendra vos invités !

Soupe aux orties et lentilles

Préparation : 20 min
Cuisson : 1 h

Pour 4 personnes

- 250 g de lentilles
- 1 gros bouquet de jeunes orties
- 1 oignon
- 1 gousse d'ail
- Huile d'olive
- Sel, poivre

Faites cuire les lentilles à l'eau avec un demi-oignon pendant 25 minutes.

Pendant ce temps, muni de gants, supprimez les tiges des orties et blanchissez les feuilles à l'eau bouillante : laissez bouillir 3 minutes puis retirez les feuilles et jetez l'eau.

Dans une casserole, faites suer le demi-oignon restant dans un peu d'huile d'olive avec la gousse d'ail. Ajoutez les feuilles d'ortie et les deux tiers des lentilles cuites et égouttées. Versez 4 grands verres d'eau, salez, poivrez et portez à ébullition puis couvrez et laissez mijoter encore 30 minutes.

Mixez alors la soupe et ajoutez le reste des lentilles avant de servir.

Variante Vous pouvez ajouter une belle cuillerée à soupe de crème fraîche avant de servir.

L'acacia a le parfum délicieux des fleurs blanches. Enfant déjà, je confectionnais ces beignets qui sont de véritables petits bonheurs éphémères.

Beignets de fleurs d'acacia

Préparation : 45 min

Cuisson : 30 min

Pour 6 personnes

- 500 g de fleurs d'acacia
- 150 g de farine
- 4 œufs
- 150 g de sucre en poudre
- Huile de tournesol
- Sel
- Huile de friture

Préparez les fleurs d'acacia et supprimez leur pédoncule. Triez-les avec soin et éliminez les petits insectes qui pourraient s'y cacher, car il est préférable de ne pas laver les fleurs.

Séparez les blancs d'œufs des jaunes.

Dans une jatte, mélangez la farine avec 50 g d'huile de tournesol, une pincée de sel, les jaunes d'œufs et 100 g de sucre en poudre. Battez les blancs d'œufs en neige et incorporez-les à la pâte. Ajoutez les fleurs d'acacia et mélangez délicatement l'ensemble avec une spatule en bois.

Faites chauffer une poêle ou un wok avec un bon fond d'huile de friture.

Formez des petits pâtés de pâte et faites-les dorer dans la poêle, en veillant à ce que l'huile de friture ne brûle pas. Laissez dorer les beignets d'acacia de chaque côté, puis égouttez-les sur du papier absorbant avant de les saupoudrer de sucre en poudre ou de sucre cristal.

Je suis un mordu de chocolat et j'imagine que vous l'êtes tout comme moi ! Ces mendiants sont simples à réaliser… comme un jeu d'enfant !

Mendiants aux noisettes et aux noix sauvages

Préparation : 10 min

Cuisson : 10 min

Pour une vingtaine de mendiants

- 400 g d'un bon chocolat noir à pâtisser
- 200 g de noisettes entières
- 300 g de noix entières
- Huile

Décortiquez les noix et les noisettes.

Découpez le chocolat en petits morceaux et faites-le fondre au bain-marie en veillant à ce qu'aucune goutte d'eau bouillante ne tombe dans le chocolat en train de fondre.

Tapissez une plaque à pâtisserie d'une feuille de papier sulfurisé légèrement huilée. À l'aide d'une cuillère, déposez-y des petits tas de chocolat suffisamment espacés. Placez sur chacun d'eux 2 ou 3 morceaux de noix et 1 ou 2 noisettes. Laissez prendre le chocolat dans une pièce fraîche.

Détachez les mendiants à la main et disposez-les dans une coupelle.

La cueillette des mûres, quel plaisir... aussi bien pour les petits que pour les grands, surtout si elles finissent dans un crumble ou une confiture !

Crumble *de* mûres

Préparation : 30 min
Cuisson : 40 min

Pour 6 personnes

- 1 kg de mûres
- 250 g de farine
- 200 g de sucre en poudre
- 200 g de beurre mou
- 100 g d'amandes en poudre
- 2 cuil. à café de cardamome en poudre

Nettoyez les mûres et lavez-les. Préchauffez le four à 180 °C (th. 6).

Mêlez la farine et le sucre en poudre, ajoutez le beurre mou et travaillez rapidement le mélange avec les mains pour obtenir une pâte qui s'effrite entre les doigts. Mélangez la poudre d'amandes avec les mûres et ajoutez-y la cardamome en poudre.

Disposez les mûres dans un plat en pyrex ou en porcelaine et émiettez la pâte à crumble au-dessus, en cachant bien les fruits.

Faites cuire au four 40 minutes. Servez tiède ou froid.

Confiture de mûres *à la sauge*

Préparation : 15 min
Cuisson : 25 min

Pour 4 à 6 pots

- 1 kg de mûres
- 700 g de sucre cristal
- 1 citron
- 2 tiges de sauge

Lavez soigneusement les pots et les couvercles, ébouillantez-les et laissez-les sécher à l'envers sur un torchon propre.

Triez les mûres et lavez-les. Versez-les dans une bassine à confiture avec le sucre cristal, un petit verre d'eau et le jus du citron. Faites chauffer en remuant régulièrement, portez à ébullition pendant 5 minutes, puis écumez la confiture et laissez-la cuire encore 20 minutes à feu doux.

Cinq minutes avant la fin de la cuisson, plongez une tige de sauge dans la confiture, portez à nouveau à ébullition puis retirez la tige de sauge. Écumez si nécessaire et arrêtez le feu.

Remplissez les pots, placez une feuille de sauge dans chacun d'eux et renversez-les pour les laisser refroidir.

Les fleurs cristallisées sont de petites douceurs faciles à faire, même avec des enfants… de petites douceurs surprenantes et délicieuses !

Pétales de violettes et roses cristallisés

Préparation : 30 min

Cuisson : 50 min

Pour une trentaine de fleurs

- 2 œufs
- 200 g de sucre en poudre
- Une trentaine de fleurs de violettes ou de pétales de roses

Séparez les blancs des jaunes d'œufs. Réservez les jaunes pour un autre usage. Battez les blancs avec une fourchette pendant 1 minute sans trop les faire mousser. Mettez le sucre en poudre dans une assiette creuse.

Plongez les fleurs (ou les pétales) dans le blanc d'œuf, essorez-les rapidement et trempez-les ensuite dans le sucre en poudre.

Disposez les fleurs sur une plaque de cuisson recouverte de papier sulfurisé.

Enfournez à four très doux (50 °C, th. 1-2) pendant 50 minutes en laissant la porte entrouverte. Retournez les fleurs délicatement au bout de 25 minutes, à l'aide d'une spatule.

Après la cuisson, éteignez le four, mais laissez les fleurs sécher encore un peu à l'intérieur pendant 15 minutes. Laissez refroidir avant de servir.

Variante

Vous pouvez traiter de la même façon des pensées ou des primevères.

Aller à la pêche en famille est un des petits plaisirs de la campagne, mais que faire de ces petits poissons d'eau douce ? de délicieuses brochettes !

Brochettes de gardons au fenouil

Préparation : 20 min

Cuisson : 20 min

Pour 4 personnes

- 16 gardons
- 1 bulbe de fenouil
- 20 tomates cerises
- 16 feuilles de laurier
- Thym, fenugrec en poudre
- Sel, poivre

Nettoyez le fenouil, puis coupez-le en morceaux épais.

Lavez les gardons et videz-les. Écaillez les plus gros.

Confectionnez les brochettes en intercalant une tomate cerise, un morceau de fenouil, un poisson, une feuille de laurier et ainsi de suite. Sur chaque brochette, vous utiliserez 4 poissons, 5 tomates cerises et 4 feuilles de laurier. Saupoudrez ensuite chaque brochette de sel, de poivre, de thym, de fenugrec ou même d'aneth.

Faites cuire au barbecue ou sous le gril du four pendant 20 minutes, en retournant les brochettes à mi-cuisson.

Mon papy Étienne était le roi de la cueillette des mousserons : même avec ses yeux fatigués par le temps, il repérait ces champignons dans toutes les prairies environnantes !

Feuilletés de mousserons à l'ail confit

Préparation : 40 min
Cuisson : 40 min

Pour 4 personnes

- 2 fonds de pâte feuilletée
- 800 g de mousserons
- 20 gousses d'ail
- 1/2 botte de persil
- 1 jaune d'œuf
- Beurre
- Huile d'olive

Placez-les gousses d'ail sans les éplucher dans une terrine avec un verre d'eau. Couvrez la terrine et faites cuire les gousses en chemise au four à 180 °C (th. 6) pendant 40 minutes.

Pendant ce temps, nettoyez les champignons et supprimez l'extrémité des pieds ou les parties abîmées. Lavez-les sans les laisser tremper pour ne pas les charger en eau.

Faites chauffer un filet d'huile avec une bonne noisette de beurre dans une poêle. Jetez-y les champignons, salez, poivrez et ajoutez le persil haché. Laissez les mousserons rendre toute leur eau doucement, sans les dessécher.

Superposez les deux fonds de pâte l'un sur l'autre et découpez dedans 4 feuilletés de forme ronde ou carrée. Dorez la pâte au jaune d'œuf battu, puis faites cuire les feuilletés 20 minutes au four à 160 °C (th. 5) en même temps que la terrine. Ce temps passé, sortez-les et ouvrez-les en deux dans le sens de l'épaisseur.

Sortez la terrine du four, supprimez la peau des gousses d'ail et ajoutez-les aux champignons cuits. Garnissez de ce mélange la base des feuilletés – la farce pouvant déborder des feuilletés –, couvrez des « chapeaux » et servez aussitôt.

Mon grand-père avait pour habitude de faire blanchir les pissenlits de son jardin sous une planche de bois avant de les consommer. À vous de tester !

Salade de pissenlits nouveaux aux fruits secs

Préparation : 20 min

Cuisson : 5 à 10 min

Pour 6 personnes

- 6 pieds de pissenlit bien blancs
- 1 poignée de raisins secs
- 1 poignée de noisettes
- 1 poignée d'amandes effilées
- 1 poignée de pignons de pin
- 2 échalotes
- Huile d'olive
- Vinaigre balsamique
- Moutarde à l'ancienne
- Vinaigre d'alcool
- Sel, poivre

Préparez et lavez les pissenlits à grande eau avec une petite pointe de vinaigre d'alcool. Rincez-les à l'eau claire, essorez-les et déchirez les grandes feuilles en deux ou en trois.

Faites griller les fruits secs dans une poêle avec un filet d'huile d'olive pendant 5 à 10 minutes.

Préparez une vinaigrette avec 1 cuillerée à soupe de moutarde à l'ancienne, 2 cuillerées à soupe de vinaigre balsamique et 5 cuillerées à soupe d'huile d'olive en ajoutant du sel, du poivre et les échalotes ciselées.

Servez la salade assaisonnée et saupoudrée des fruits secs encore tièdes.

Les recettes de mon POULAILLER

Une visite au poulailler est toujours une aventure ! C'est un vrai rendez-vous avec les poules curieuses et gourmandes qui attendent joyeusement notre arrivée. Les enfants s'affairent alors à donner du grain à chacune. Le dindon goulu fait la roue pour ne pas être oublié tandis que les canards dodelinent de la tête sous les pommiers en fleur ! Combien d'œufs aurons-nous aujourd'hui ? Pour ma part, à chaque visite, j'oublie mes soucis, je me vide la tête et la remplit de mille souvenirs d'enfance !

Encore une recette inspirée du Maroc ! Mais les échanges culinaires sont pour moi une vraie façon d'apporter de la créativité dans nos cuisines.

Tagine de poulet aux dix herbes *et à l'ail*

Préparation : 20 min
Cuisson : 40 à 45 min

Pour 4 à 5 personnes

- 1 poulet de 1,2 kg
- 10 pommes de terre
- 1 courgette
- 20 gousses d'ail rose
- 1 bouquet des herbes suivantes : coriandre fraîche, thym, persil plat, oseille, thym citron, serpolet, sarriette des montagnes, romarin, ciboulette, laurier
- 2 cuil. à soupe d'épices à couscous
- 5 cuil. à soupe d'huile d'olive ou d'argan
- Sel, poivre

Faites tremper le plat du tagine pendant 15 minutes dans de l'eau tiède, puis essuyez-le. Découpez le poulet en petits morceaux.

Lavez et préparez les herbes, puis hachez-les grossièrement. Lavez et épluchez les pommes de terre, puis coupez-les en larges tranches. Lavez la courgette et détaillez-la en grands tronçons.

Disposez dans le tagine 2 cuillerées à soupe d'huile, un lit d'herbes hachées et les morceaux de poulet. Salez et poivrez. Complétez avec les légumes, l'ail épluché, le reste des herbes ainsi que les épices à couscous. Arrosez du reste d'huile et d'un verre d'eau. Salez et poivrez à nouveau.

Fermez le tagine, posez-le directement sur un feu vif et faites cuire pendant 15 minutes. Ouvrez alors le tagine et vérifiez qu'il reste suffisamment de jus et que rien n'accroche au fond en retournant les morceaux de poulet. Ajoutez éventuellement un petit verre d'eau.

Préchauffez votre four à 160 °C (th. 5-6). Poursuivez la cuisson encore 15 minutes à feu moyen et vérifiez à nouveau que la viande ne sèche pas ou ne colle pas au fond du plat.

Enlevez alors le couvercle du tagine et finissez la cuisson au four pendant 10 à 15 minutes pour permettre aux morceaux de poulet de dorer.

Souvent utilisée avec le poisson, l'oseille accompagne pourtant agréablement certains plats de viandes. Et c'est bien le cas ici avec cette recette idéale pour une entrée rafraîchissante.

Roulades de poulet à l'oseille

Préparation : 20 min

Cuisson : 25 min

Pour 4 personnes

- 4 filets de poulet
- 4 cuil. à soupe de crème fraîche
- 6 grandes feuilles d'oseille
- Cumin en poudre
- Sel, poivre

À l'aide d'un couteau bien aiguisé, ouvrez 3 filets de poulet dans l'épaisseur pour les rendre très fins.

Préchauffez le four à 160 °C (th. 5-6).

Dans un robot, placez le dernier filet de poulet coupé en cubes, du sel, du poivre, une pincée de cumin et les feuilles d'oseille lavées dont vous aurez retiré la côte centrale. Mixez rapidement pour ne pas chauffer la viande.

Étalez ce mélange en couche fine sur les filets, puis roulez ces derniers sur eux-mêmes dans le sens de la largeur pour former des boudins.

Enveloppez ces boudins dans du papier d'aluminium. Serrez les extrémités fermement pour bien enfermer la viande. Déposez le tout dans un plat lui-même placé dans un récipient allant au four et rempli d'eau à mi-hauteur, puis enfournez 25 minutes.

Sortez les roulés de poulet du four, dépapillotez-les et découpez-les en fines tranches. Disposez-les dans les assiettes en les faisant se chevaucher.

Conseil

Vous pouvez servir cette entrée tiède ou froide accompagnée d'une salade légère assaisonnée à l'huile de noix.

J'ai toujours vu la pintade au four cuisinée avec des petits-suisses : le laitage donne du fondant à la viande et préserve toute sa saveur sans la modifier.

Pintade au chou *et petit-suisse*

Préparation : 15 min

Cuisson : 1 h à 1 h 10

Pour 4 à 5 personnes

- 1 pintade de 1,2 kg
- 1 kg de chou précuit
- 3 petits-suisses
- 200 g de lardons fumés
- 1 oignon
- 3 gousses d'ail
- 1 botte de ciboulette
- 1 brin de thym
- Vin blanc
- Beurre
- Sel, poivre

Préchauffez le four à 180 °C (th. 6).

Épluchez et ciselez l'ail et l'oignon. Lavez et hachez la ciboulette et le thym.

Dans un petit saladier, mélangez l'ail, l'oignon, les herbes hachées et les petits-suisses. Salez et poivrez. Remplissez la pintade avec ce mélange et ficelez-la solidement.

Salez et poivrez la volaille, mettez-la dans un plat à four, ajoutez une noix de beurre et enfournez le tout 1 heure environ. Arrosez la pintade avec le jus de cuisson en ajoutant selon votre goût un peu de vin blanc et/ou d'eau.

Pendant ce temps, faites recuire à feu très doux le chou avec 2 dl de vin blanc et un peu d'eau, en y ajoutant les lardons préalablement sautés et dégraissés. Laissez mijoter 35 à 40 minutes en remuant régulièrement, puis rectifiez l'assaisonnement si nécessaire.

Une fois la pintade cuite, découpez-la en morceaux, filtrez le jus de cuisson et arrosez-en le chou. Servez la volaille sur un nid de chou.

Variante Vous pouvez aussi, pendant la cuisson de la pintade, arroser la volaille de cidre, qui apportera une petite note sucrée succulente.

Le coq au vin, un plat classique ?
Oui, mais le voici revisité à ma sauce ! Laissez-vous tenter : le coq est délicieux en version sucré-salé.

Coq au vin aux agrumes

Préparation : 30 min
Cuisson : 2 h

Pour 6 à 8 personnes

- 1 coq de 1,5 à 2 kg
- 2 oignons
- 2 gousses d'ail
- 2 oranges non traitées
- 1 citron
- 1 l de bordeaux rouge
- 6 cuil. à soupe d'huile d'olive
- Farine
- Grand Marnier
- Sel, poivre

Préparez et découpez le coq en morceaux, en supprimant le maximum d'os. Farinez, salez et poivrez chaque morceau.

Épluchez les gousses d'ail et les oignons, puis hachez-les grossièrement. Prélevez le zeste des oranges avec un couteau économe ou un zesteur, puis hachez-le finement. Pressez le jus de tous les agrumes.

Chauffez l'huile d'olive dans une cocotte, puis faites dorer sur toutes leurs faces et un à un les morceaux de coq. Réservez la viande dans un plat.

Faites suer dans la cocotte l'ail et l'oignon. Ajoutez les morceaux de coq, flambez au Grand Marnier, puis mouillez avec les jus de citron et d'orange. Laissez cuire 5 minutes puis versez le vin et 2 verres d'eau. Salez, poivrez et ajoutez les zestes d'orange.

Faites cuire à feu moyen en remuant délicatement de temps en temps pendant au moins 1 heure, puis à feu doux 1 heure à nouveau.

Goûtez la sauce et rectifiez l'assaisonnement avant de servir.

Conseil Vous pouvez accompagner ce coq au vin de pommes de terre cuites à l'eau et de pommes-fruits rôties au four pour accentuer la note sucrée-salée.

Le lapin à la moutarde était un classique familial puisque mon grand-père élevait cet animal. Mon conseil : dégustez-le avec des morilles à la crème !

Lapin ~~à la moutarde~~ en tagine

Préparation : 25 min

Cuisson : 45 min

Pour 6 personnes

- 1 lapin de 1,2 kg
- 8 petits oignons nouveaux
- 1 gousse d'ail
- 8 cuil. à soupe de moutarde à l'ancienne
- 2 cuil. à soupe d'huile d'olive
- 1/2 botte de coriandre
- Vin blanc (facultatif)
- Sel, poivre

Découpez le lapin en désossant au maximum les râbles et les pattes.

Plongez le plat du tagine dans une bassine d'eau tiède pendant 5 à 10 minutes pour que la terre du plat s'inbibe.

Épluchez l'ail et les oignons. Lavez la coriandre, effeuillez-la et hachez finement les feuilles avec un couteau.

Placez dans le plat du tagine l'huile d'olive, les morceaux de lapin, l'ail coupé en quatre et les oignons entiers. Badigeonnez la viande de moutarde, sur les deux faces. Saupoudrez-la de sel, de poivre et de coriandre hachée, puis ajoutez un verre d'eau.

Refermez le couvercle et faites cuire directement sur un feu moyen, pendant 15 minutes. Soulevez alors le couvercle pour vérifier qu'il reste suffisamment de jus : si nécessaire, ajoutez un peu d'eau ou éventuellement de vin blanc. Laissez cuire encore 15 minutes, vérifiez de nouveau le jus et laissez cuire un dernier quart d'heure. Servez aussitôt.

Conseil Si votre tagine est de grande taille, vous pouvez y faire cuire des pommes de terre ou des courgettes en même temps que la viande. Coupez alors vos légumes en gros morceaux ou en tronçons.

Je suis toujours frustré de devoir mettre dans une terrine de lapin d'autres viandes qui dénaturent son goût initial. Voici donc une recette toute simple mais savoureuse !

Terrine de lapin aux figues

Préparation : 40 min
Cuisson : 1 h
Réfrigération : 12 h

6 personnes

- 1 lapin de 1,2 kg
- 150 g de lardons nature en morceaux
- 10 figues sèches
- 1 oignon
- 1/2 botte de persil frais
- Thym
- Cumin en poudre
- Porto blanc
- Huile
- Beurre
- Gelée en poudre
- Sel, poivre

Faites mariner les figues sèches dans un mélange composé en parts égales d'eau et de porto blanc.

Désossez le lapin entièrement et conservez le foie et les rognons.

Préchauffez le four à 180 °C (th. 6).

Épluchez l'oignon et hachez-le. Faites-le suer dans une poêle avec un filet d'huile ou une noisette de beurre.

Dans un robot, hachez le lapin, le foie et les rognons, en ajoutant les lardons, du sel, du poivre, 2 pincées de cumin, le persil haché, le thym égrainé et l'oignon. Ajoutez à la main les figues égouttées et découpées en petits morceaux.

Beurrez une terrine et garnissez-la du mélange. Tassez bien et refermez avec le couvercle. Placez la terrine dans un plat à gratin rempli d'eau à mi-hauteur et enfournez 1 heure.

Sortez la terrine du four et préparez la gelée dans une casserole, en suivant les indications du fabricant. Coulez la gelée sur la terrine et laissez-la refroidir avant de la placer au frais pour au moins 12 heures avant de la consommer.

Évidemment, avec cette recette, on touche la corde sensible… Ma grand-mère réussissait ces pigeonneaux comme personne. À cette seule évocation, la douce odeur qui s'échappait de la cuisine me revient en mémoire…

Pigeonneaux comme mamie Jeanne aux lardons et petits pois

Préparation : 30 min

Cuisson : 50 à 55 min

Pour 6 personnes

- 3 ou 4 jeunes pigeons de belle taille
- 1,5 kg de petits pois frais
- 250 g de lardons fumés
- 1 oignon
- 1 botte de persil plat
- 1 bouteille de vin blanc
- Thym
- Huile d'olive
- Beurre
- Sel, poivre

Le cas échéant, videz les pigeons, puis coupez-les en deux avec un gros couteau. Épluchez l'oignon et préparez le persil plat en conservant les tiges et en hachant les feuilles.

Faites suer l'oignon avec un filet d'huile d'olive dans une cocotte. Salez, poivrez les pigeons et faites-les revenir dans la cocotte, un à un, pour les faire dorer sur toutes leurs faces.

Remettez tous les oiseaux dans la cocotte, mouillez avec un peu de vin blanc et un peu d'eau, sans noyer la viande : vous ajouterez du vin et de l'eau au fur et à mesure de la cuisson, lorsque le jus se fera rare. Ajoutez les queues de persil nouées en bouquet. Faites cuire à feu doux pendant 45 à 50 minutes.

Pendant ce temps, faites revenir les lardons à la poêle sans matière grasse et retirez la graisse excédentaire.

Écossez les petits pois et faites-les cuire à l'eau bouillante pendant 20 minutes en couvrant à moitié la casserole.

Lorsque les pigeons sont cuits, sortez-les de la cocotte et réservez-les au chaud. Retirez les tiges de persil de la cocotte, récupérez une partie du jus dans une saucière et ajoutez dans la cocotte les petits pois égouttés, une noix de beurre et les lardons. Remuez délicatement avec une cuillère pour ne pas écraser les petits pois.

Déposez les pigeons sur un lit de petits pois et de lardons. Servez aussitôt en les saupoudrant de persil haché ou de thym.

J'adore préparer cette recette dans un tagine. C'est d'une simplicité enfantine et le résultat est exquis !

Cailles aux citrons et au miel

Préparation : 15 min

Cuisson : 40 min

Pour 6 personnes

- 8 grosses cailles fermières
- 5 citrons non traités
- 6 cuil. à soupe de miel de fleurs
- 1 botte de coriandre
- Graines de cumin
- Sel, poivre

Faites tremper le plat du tagine pendant 15 minutes dans de l'eau tiède pour qu'il s'inbibe, puis essuyez-le. Lavez les citrons et coupez-les en tranches sans conserver les deux extrémités.

Tapissez le fond du plat des deux tiers des rondelles de citron. Disposez les cailles dessus. Salez, poivrez-les et parsemez de 2 pincées de graines de cumin. Disposez le reste des tranches de citron sur les cailles et coulez le miel sur l'ensemble. Saupoudrez de coriandre hachée.

Fermez le tagine, posez-le directement sur un feu vif et faites cuire pendant 15 minutes. Ouvrez alors le tagine et vérifiez qu'il reste suffisamment de jus et que rien n'accroche au fond. Ajoutez éventuellement un petit verre d'eau.

Préchauffez votre four à 160 °C (th. 5-6). Poursuivez la cuisson encore 15 minutes à feu moyen et vérifiez à nouveau qu'il reste encore du jus.

Enlevez alors le couvercle du tagine et finissez la cuisson au four pendant 10 minutes pour permettre aux cailles de dorer.

Variante Cette recette peut être réalisée avec des citrons confits, mais personnellement je préfère largement la déguster avec des citrons frais qui confisent d'eux-mêmes dans le jus de cuisson.

Ce plat est idéal pour les fêtes de fin d'année et il renouvelle un peu le genre ! L'oie est tendre et fondante dans sa robe fruitée.

Oie rôtie et sa farce fruitée

Préparation : 30 min

Cuisson : 4 h

Pour 10 personnes

- 1 oie de 4 kg
- 1 kg de pommes
- 2 poires
- 200 g de pruneaux
- 100 g d'amandes
- 2 gousses d'ail
- 4 tranches de pain
- 20 cl de lait
- 1 petit verre de calvados
- Sel, poivre

Épluchez les pommes et les poires, coupez-les en quartiers. Faites tremper les tranches de pain dans le lait et retirez la croûte.

Préchauffez le four à 180 °C (th. 6).

Préparez la farce en mêlant les fruits frais, les pruneaux dénoyautés et coupés en deux, les amandes entières, le pain et le calvados. Salez, poivrez et ajoutez les gousses d'ail pressées.

Remplissez l'oie avec la farce. Glissez-la au four dans un plat creux et surveillez la cuisson qui doit être régulière. Retournez la volaille à mi-cuisson et couvrez-la si nécessaire d'un papier d'aluminium pour qu'elle ne brûle pas en surface. Arrosez régulièrement l'oie avec le jus de cuisson ou un verre d'eau. Prévoyez 30 minutes de cuisson par 500 g (soit 4 heures pour une oie de 4 kg).

La viande blanche se marie parfaitement bien avec les crustacés. Et quand le tout vient garnir une pâte légère, le plaisir est immanquablement au rendez-vous !

Croustillants de dinde aux écrevisses

Préparation : 40 min

Cuisson : 30 min

Pour 4 feuilletés

- 2 fonds de pâte feuilletée
- 2 escalopes de dinde
- 200 g d'écrevisses décortiquées et précuites
- 1 courgette
- 4 cuil. à soupe de crème fleurette
- 1 jaune d'œuf
- 8 feuilles d'estragon frais
- 1 gousse d'ail
- Cognac
- Beurre
- Huile de tournesol
- Fleur de sel, poivre

Préchauffez le four à 200 °C (th. 6-7).

Lavez la courgette, coupez-la deux puis en fines lamelles. Faites cuire ces dernières à la poêle avec un peu de beurre, à feu doux, pendant 15 minutes.

Pendant ce temps, déroulez les ronds de pâte feuilletée et pliez-les en quatre. Découpez 2 triangles dans chacun de ces pliages, sans perdre trop de pâte mais en recoupant tous les bords. Battez le jaune d'œuf avec un peu d'eau et badigeonnez-en les triangles à l'aide d'un pinceau. Enfournez les feuilletés 15 à 20 minutes, puis sortez-les du four et réservez-les au chaud.

Découpez les escalopes de dinde en fins morceaux réguliers. Faites-les revenir à la poêle pendant 8 minutes avec un peu d'huile de tournesol, puis ajoutez les écrevisses. Salez et poivrez. Ajoutez l'estragon et la gousse d'ail pelée et réduite en purée. Flambez avec un peu de cognac et déglacez avec la crème fleurette. Laissez réduire cette dernière quelques minutes.

Ouvrez les feuilletés en deux dans le sens de l'épaisseur avec un couteau-scie. Déposez dans chacun d'entre eux un quart de la préparation en faisant déborder la garniture et la sauce, posez les « couvercles » et servez aussitôt.

Conseil Vous pouvez accompagner votre plat de pousses d'épinard assaisonnées avec une vinaigrette douce au vinaigre balsamique.

J'avais mis au point cette recette avec deux professeurs de cuisine, et elle m'a valu de remporter un concours : le grand prix des volailles de Licques ! Je vous livre ici mes secrets...

Dinde aux *deux* farces

Préparation : 2 h

Cuisson : 2 h

Pour 8 à 10 personnes

- 1 dinde de 3 kg
- Vin blanc (facultatif)
- Sel, poivre

Farce pour les pattes

- 1 magret de canard, sans la peau
- 1 petit verre de cognac
- 80 g de raisins secs

Farce pour l'intérieur

- 400 g de blancs de poulet
- 200 g de chair à saucisse
- 200 g de veau
- 100 g de lardons
- 2 oignons
- 200 g de pruneaux
- 100 g de pignons de pin
- 4 tranches de pain de mie
- 20 cl de lait
- Huile de tournesol
- Herbes de Provence

La principale difficulté de cette recette réside dans le fait qu'il faut désosser entièrement la dinde. Vous pouvez demander à votre boucher de le faire pour vous, ou vous lancer en prenant votre temps et en donnant des coups de couteau réfléchis.

Pour ce faire, placez la dinde sur le ventre, le dos et le croupion vers vous. Avec un couteau désosseur (à lame large et courte), faites une incision le long du dos et dégagez chaque côté doucement en longeant la carcasse avec la pointe de la lame. Désolidarisez les os des cuisses de la carcasse, détachez cette dernière et désossez les cuisses par l'intérieur, en laissant juste l'os du pilon. Profitez-en pour supprimer les nerfs importants.

Préparez la première farce fine en hachant grossièrement la chair du magret avec le cognac, du sel et du poivre. Ajoutez les raisins secs. Garnissez les cuisses de la dinde avec cette farce. Salez et poivrez le reste de la volaille.

Préparez ensuite l'autre farce en mixant toutes les viandes ensemble et en ajoutant le pain de mie (sans la croûte) trempé dans le lait. Faites revenir les oignons hachés dans une poêle avec un peu d'huile de tournesol et ajoutez-les à la farce, ainsi que les pruneaux dénoyautés et coupés en deux et, si vous le souhaitez, les abats de la dinde. Salez, poivrez, ajoutez les pignons et des herbes de Provence.

Remplissez la dinde avec cette farce et recousez la volaille pour la reformer, avec du fil de boucher et une grosse aiguille à brider.

Placez la dinde dans un grand plat creux et faites-la cuire au four à 180 °C (th. 6), en l'arrosant tous les quarts d'heure avec le jus de cuisson. Si ce dernier se fait rare, arrosez-la avec un peu de vin blanc et d'eau.

Lorsque la dinde est dorée, recouvrez-la d'un papier d'aluminium jusqu'à la fin de la cuisson.

Osez le mélange inattendu de la poire et des épinards qui fait chanter les papilles et surprendra vos invités !

Magrets de canard aux poires *et épinards*

Préparation : 20 min

Cuisson : 15 min environ

Pour 4 personnes

- 3 ou 4 magrets de canard
- 1 kg d'épinards frais
- 4 poires
- 120 g de beurre

Lavez et préparez les épinards en supprimant la côte centrale.

Faites fondre 100 g de beurre à feu moyen dans une grande poêle ou un faitout, jetez-y les épinards et faites-les cuire 10 minutes en remuant souvent. Salez et poivrez.

Épluchez les poires, coupez-les en deux et épépinez-les. Faites-les cuire au four à micro-ondes à mi-puissance pendant 2 minutes ou à la vapeur durant 6 minutes, puis faites-les revenir quelques minutes à la poêle dans 20 g de beurre fondu, jusqu'à cuisson complète.

Supprimez la moitié du gras des magrets, dans l'épaisseur, à l'aide d'un couteau long et fin (de type « filet de sole »).

Faites chauffer une poêle à feu moyen et placez-y les magrets, côté gras. Saisissez les magrets et faites-les cuire 8 minutes avant de les retourner. Laissez-les cuire de l'autre côté, 5 minutes pour une viande rosée, 8 minutes pour une viande cuite à cœur. Vérifiez la cuisson en tranchant un des magrets.

Détaillez les magrets en fines lamelles et servez à l'assiette, avec la fondue d'épinard et 2 demi-poires.

Variante Une autre façon de préparer l'accompagnement consiste à réduire les poires en purée et à les incorporer aux épinards en relevant le tout d'une pincée de poivre du Setchuan. Vous obtiendrez alors des épinards aux poires qui étonneront vos convives.

Des œufs ? Oui, mais pas n'importe lesquels ! Ceux-ci sont parfumés à l'asperge verte et au parmesan… Et si votre réfrigérateur est vide, la recette des œufs brouillés est idéale !

Œufs à la coque *et parmesan* aux pointes d'asperges vertes

Préparation : 10 min
Cuisson : 28 min

Pour 6 personnes

6 œufs
3 à 5 asperges vertes
100 g de parmesan frais entier
Huile d'olive
Sel, poivre

Épluchez les asperges et faites-les cuire 25 minutes à l'eau bouillante salée. Égouttez-les et réservez-les au chaud en versant dessus un filet d'huile.

Détaillez le parmesan en copeaux avec un couteau économe.

Faites bouillir de l'eau dans une casserole et plongez-y les œufs tous ensemble avec une écumoire. Comptez 3 minutes, puis retirez les œufs et ouvrez-les immédiatement pour arrêter la cuisson.

Salez et poivrez les œufs, garnissez-les des copeaux de parmesan et servez avec des tronçons d'asperge en guise de mouillettes.

Œufs brouillés *à la coriandre*

Préparation : 10 min
Cuisson : 5 min

Pour 4 personnes

8 œufs
50 g de crème fraîche
1/2 botte de coriandre
Huile de tournesol
Beurre
Sel, poivre

Cassez les œufs dans un saladier et battez-les en omelette. Salez et poivrez. ajoutez la crème fraîche et la coriandre hachée.

Dans une poêle, faites chauffer à feu moyen 1 cuillerée à soupe d'huile de tournesol et une noix de beurre. Versez les œufs battus. Grattez aussitôt le fond de la poêle avec une fourchette et continuez à fouetter les œufs avec la fourchette pour décoller les parties qui commencent à prendre. Surveillez la cuisson et arrêtez-la lorsque les œufs sont encore souples et moelleux. Saupoudrez de coriandre hachée.

Vous pouvez servir ces œufs dans des coquilles d'œufs vides ou dans une calotte (assiette creuse sans bord), accompagnés d'une salade légère.

Tonton Francis est le roi de la terrine aux foies de volaille que l'on prépare souvent pour les apéritifs des fêtes de famille. Pour ma part, j'y ajoute des fruits secs, c'est délicieux !

Terrine de foies de volaille aux fruits secs

Préparation : 35 min

Cuisson : 2 h 05

Réfrigération : 12 h

Pour une terrine de 1,2 kg

- 400 g de foies de volaille
- 200 g de poitrine fraîche
- 200 g de blancs de poulet
- 150 g de lardons fumés
- 2 oignons
- 3 échalotes
- 150 g de raisins secs
- 150 g de noisettes
- 2 œufs
- 3 cuil. à soupe de crème fraîche
- 1 petit verre de porto
- 4 tiges de coriandre fraîche
- 1 ou 2 feuilles de laurier
- Barde
- Huile de tournesol
- Sel, poivre

Préchauffez le four à 180 °C (th. 6).

Pelez et hachez les oignons et les échalotes. Faites-les suer dans un filet d'huile de tournesol à la poêle, puis ajoutez les foies de volaille pour les faire revenir.

Hachez grossièrement la poitrine fraîche et les blancs de poulet. Ajoutez les foies de volaille, le hachis d'oignons et d'échalotes, les lardons fumés, puis le porto, les œufs et la crème fraîche. Salez, poivrez, parsemez de coriandre hachée et incorporez les fruits secs.

Tapissez la terrine avec la barde et remplissez-la avec la farce. Déposez 1 ou 2 feuilles de laurier sur le dessus, refermez la terrine et placez-la dans un plat à gratin rempli d'eau à mi-hauteur.

Glissez le tout dans le four pour 2 heures de cuisson. Laissez au frais au moins 12 heures avant de déguster.

Les recettes de *mon* MARCHÉ

Une balade au marché, c'est pour moi comme
la composition d'une nouvelle mélodie :
on cherche la première note et on cherche à
l'accorder avec la suivante. Le premier
ingrédient sera la première note. Il faut partir
sans but précis et se laisser porter par son
instinct, composer avec son flair, son envie.
Le marché c'est aussi savoir apprécier
les bonheurs éphémères des produits de saison.
Choisir avec tous les sens en éveil et revenir
avec une partition gorgée de saveurs.

On déguste trop souvent les escargots dans leur coquille, alors qu'en salade, on redécouvre pleinement leur goût !

Salade d'escargots *au vinaigre balsamique*

Préparation : 25 min

Cuisson : 10 min

Pour 4 personnes

1 salade verte ou un mélange de mesclun

200 g d'escargots nature, frais ou en conserve

100 g de lardons fumés

1 échalote

50 g de noix décortiquées

Huile de noix

Vinaigre balsamique

Sel, poivre

Lavez les escargots à grande eau et essuyez-les soigneusement.

Lavez et essorez la salade, puis disposez-la dans un grand plat creux.

Poêlez les lardons sans matière grasse et éliminez la graisse qu'ils ont rendue.

Faites chauffer doucement un filet d'huile de noix. Ajoutez les escargots et laissez mijoter pendant 10 minutes, puis ajoutez les lardons et réservez cette préparation au chaud.

Déglacez la poêle de cuisson avec 3 cuillerées à soupe de vinaigre balsamique, salez et poivrez. Pelez et ciselez l'échalote, ajoutez-la à cette vinaigrette tiède.

Disposez les escargots et les lardons sur la salade, arrosez avec la vinaigrette et saupoudrez de noix concassées. Servez aussitôt.

Avec des ris de veau et des morilles, cette recette ne peut être que savoureuse. Associée au croquant de la feuille de brick, elle prend un tournant légendaire !

Bricks de ris de veau au poivre et aux morilles

Préparation : 25 min

Repos : 12 h

Cuisson : 25 min

Pour 4 personnes

- 8 feuilles de brick
- 800 g de ris de veau
- 200 g de morilles déshydratées
- 20 cl de crème fraîche liquide
- Beurre
- Huile d'olive
- 1/2 botte de persil
- Farine
- Sel, poivre

Préparez les ris en les faisant blanchir 5 minutes à l'eau bouillante. Égouttez-les et supprimez au maximum les peaux et les nerfs. Emballez les ris dans un torchon propre, posez dessus une planche lestée d'un poids pour les écraser et les essorer.

Faites tremper les morilles dans de l'eau tiède. Laissez reposer les ris et les champignons pendant 12 heures.

Ce temps passé, coupez les ris en fines tranches. Lavez les morilles à grande eau pour éliminer toute trace de sable. Coupez-les en deux et lavez-les encore.

Farinez les ris, poêlez-les dans du beurre et laissez-les dorer 10 minutes. Ajoutez les morilles, salez, poivrez et versez la crème fraîche. Laissez cette dernière réduire doucement.

Disposez les feuilles de brick deux par deux à plat sur votre plan de travail. Déposez la préparation sur les feuilles de brick doublées et formez des paquets bien clos en repliant les quatre côtés.

Faites chauffer l'huile dans une poêle, ajoutez une noisette de beurre et faites dorer les bricks 10 minutes, en commençant par la face lisse pour qu'une fois retournés, ils se présentent du côté le plus esthétique. Retournez les bricks à mi-cuisson et faites dorer l'autre face. Servez aussitôt.

Si vous pensez ne pas aimer la cervelle, cette recette vous fera changer d'avis. Avec son hachis parfumé et sa pâte légère, elle séduira les palais les plus réfractaires !

Beignets de cervelles au citron et à la coriandre

Préparation : 20 min + 1 h pour dégorger les cervelles
Cuisson : 15 min

Pour 4 personnes

- 4 cervelles d'agneau
- 4 œufs
- 150 g de farine
- 25 g d'huile de tournesol
- 1 botte de coriandre
- 2 citrons
- Huile de friture
- Sel
- 1 court-bouillon prêt à l'emploi

Laissez les cervelles dégorger dans de l'eau pendant 1 heure, puis supprimez les membranes et les vaisseaux sanguins visibles. Faites cuire les cervelles 15 minutes dans un court-bouillon prêt à utiliser.

Séparez les jaunes d'œufs des blancs. Dans une jatte, mélangez la farine avec l'huile de tournesol, une pincée de sel et les jaunes d'œufs. Battez les blancs d'œufs en neige et incorporez-les à la pâte.

Coupez les cervelles en quatre et roulez-les dans un hachis de coriandre, puis dans la pâte à beignets.

Faites chauffer une poêle ou un wok avec un bon centimètre d'huile. Déposez-y les beignets, en veillant à ce que l'huile ne brûle pas. Laissez-les dorer de chaque côté, puis égouttez-les sur du papier absorbant.

Servez les beignets en les arrosant copieusement de jus de citron.

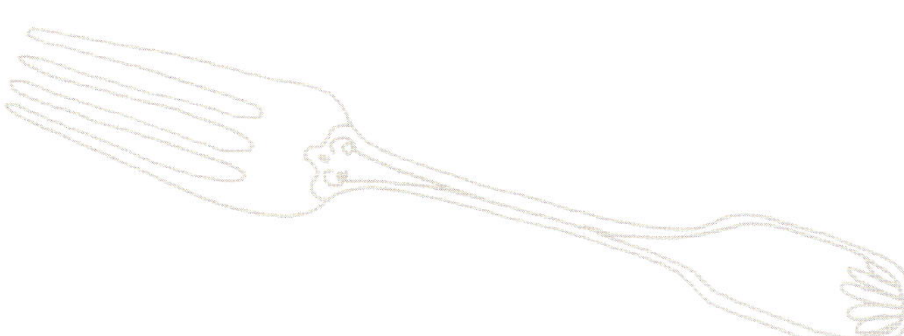

Tout le secret de cette recette réside dans ce fameux hachis aromatique qui accompagne la viande à merveille…

Rosbif aux hachis de basilic *et ail*

Préparation : 15 min

Cuisson : 45 min

Pour 6 personnes

- 1 rosbif dans le filet (1,5 kg)
- 200 g de parmesan râpé
- 4 gousses d'ail
- 1 botte de basilic
- Beurre
- 2 à 3 cuil. à soupe d'huile d'olive
- Sel, poivre

Piquez le rosbif avec 2 gousses d'ail épluchées et fendues en deux. Déposez la viande dans un plat allant au four, poivrez-la et salez-la à la dernière minute. Ajoutez une grosse noisette de beurre et enfournez à 180 °C (th. 6).

Pendant la cuisson, épluchez et ciselez les gousses d'ail restantes. Hachez le basilic en supprimant les tiges. Mélangez dans un bol le basilic, l'ail, l'huile d'olive et le parmesan. Salez ce mélange.

Lorsque le rosbif est cuit, coupez-le en tranches et servez-le avec le hachis.

Conseil

Servez ce plat avec des pâtes fraîches au jus de cuisson de la viande ou un gratin de pâtes et courgettes (voir page 21).

Les rognons sont mon péché mignon !
En brochettes puis nappés d'un mélange
aromatique poivre-moutarde,
ils viennent idéalement compléter
le menu des journées barbecue !

Brochettes de rognons de veau *au poivre et à la moutarde*

Préparation : 20 min

Cuisson : 10 à 15 min

Pour 4 brochettes

- 800 g de rognons
- 1 oignon
- 16 tomates cerises
- Laurier
- 4 cuil. à soupe de moutarde à l'ancienne
- 2 cuil. à café de poivre noir moulu
- 1/2 botte de persil
- 150 g de chapelure

Dénervez les rognons, coupez-les en petits morceaux. Pelez l'oignon et détaillez-le en deux puis chaque quartier en trois.

Formez les brochettes en alternant les tranches d'oignon, les rognons, les tomates cerises et quelques feuilles de laurier.

Préparez le mélange aromatique avec la moutarde, le poivre noir moulu et le persil haché.

Roulez les brochettes dans cette préparation puis dans la chapelure avant de les faire cuire au barbecue ou sous le gril du four pendant 10 à 15 minutes, selon votre goût.

Variante

Vous pouvez réaliser cette recette avec des morceaux d'agneau à la place des rognons ou même en mélangeant les deux viandes.

Les saveurs du terroir sont ici associées
à la légèreté d'un feuilleté :
des plaisirs qui croustillent et mettent
les papilles en joie !

Mille-feuilles de pommes et boudin du Perche

Préparation : 40 min

Cuisson : 25 min

Pour 4 personnes

- 2 fonds de pâte feuilletée
- 2 boudins noirs
- 2 pommes
- 1 oignon rouge
- Beurre
- 1 jaune d'œuf
- Sel, poivre

Préchauffez le four à 180 °C (th. 6).

Découpez dans la pâte feuilletée 12 ronds de 8 cm de diamètre avec un emporte-pièce ou un ramequin renversé. Dorez quatre d'entre eux au jaune d'œuf battu, à l'aide d'un pinceau. Faites cuire tous les ronds de pâte au four pendant 10 à 15 minutes.

Pendant ce temps, épluchez les pommes, coupez-les en quartiers et faites-les cuire 10 à 15 minutes avec un peu de beurre dans une poêle.

Pelez et hachez l'oignon rouge. Ôtez la peau du boudin noir. Mettez le tout dans une autre poêle, assaisonnez et faites suer doucement le mélange pendant 8 à 10 minutes.

Montez chaque mille-feuille avec 3 ronds de pâte, en garnissant le premier cercle de chair de boudin et le deuxième de pommes compotées. Couvrez avec le rond doré à l'œuf.

On connaissait le pain perdu sucré… Je vous propose ici une version salée finement relevée d'une note italienne.

Pain perdu salé *à la coppa*

Préparation : 10 min

Cuisson : 20 min

Pour 6 personnes

- 9 tranches de pain de mie (ou 18 fines tranches de baguette)
- 12 à 18 tranches de coppa ou de bacon
- 2 œufs
- 20 cl de lait
- Huile d'olive
- Beurre
- Graines de cumin
- Sel, poivre

Faites revenir les tranches de coppa ou de bacon à la poêle sans matière grasse.

Dans un saladier, battez les œufs avec le lait, 2 pincées de graines de cumin, du sel et du poivre.

Coupez chaque tranche de pain de mie en diagonale, pour obtenir 2 triangles.

Faites tremper rapidement le pain dans la préparation aux œufs, puis faites-le dorer dans une poêle avec un peu d'huile et une noisette de beurre. Retournez le pain pour le faire dorer sur l'autre face et servez-le aussitôt, en alternant les tranches avec la coppa ou le bacon. Vous pouvez saupoudrer de graines de sésame.

De la verdure pour se donner bonne conscience et des pâtes pour les inconditionnels : voici un mélange qui réunit tous les amoureux du goût.

Lasagnes aux fromages vertes

Préparation : 30 min

Cuisson : 30 min

Pour 6 personnes

- 500 g de lasagnes sèches
- 400 g d'épinards
- 2 courgettes
- 6 fromages blancs de 125 g
- 200 g de gorgonzola
- 200 g de gruyère râpé
- 100 g parmesan râpé
- 2 gousses d'ail
- 1 botte de coriandre
- 1 botte de persil
- Beurre
- Sel, poivre

Lavez et préparez les épinards en supprimant la côte centrale des feuilles. Ébouillantez ces dernières dans une grande casserole d'eau, égouttez-les aussitôt et réservez.

Lavez et émincez finement les courgettes. Rincez les herbes et hachez-les séparément. Préchauffez le four à 180 °C (th. 6).

Beurrez un plat allant au four. Étalez-y en les faisant chevaucher des plaques de lasagne, afin de tapisser le fond. Couvrez d'une fine couche de fromage blanc, saupoudrez de coriandre et de persil, salez et poivrez. Ajoutez successivement une couche de lamelles de courgette, une couche de lasagne, une couche d'épinards puis de parmesan râpé et quelques fins morceaux de gorgonzola. Étalez de nouveau une fine couche de fromage blanc, salez et poivrez.

Recommencez l'opération jusqu'à épuisement des ingrédients, en terminant par une couche de fromage blanc et de gruyère râpé.

Enfournez pour 30 minutes en surveillant la cuisson : si le gruyère est suffisamment doré, recouvrez le plat de papier d'aluminium pour éviter qu'il ne brûle en surface.

Fabio est d'origine italienne et il aime les pâtes ! Et c'est toujours un vrai plaisir de nous retrouver pour déguster ensemble ce plat convivial.

Pâtes fraîches *comme Fabio*

aux crevettes et tomates séchées

Préparation : 20 min

Cuisson : 5 min

Pour 6 personnes

- 500 g de tagliatelles fraîches
- 300 g de crevettes roses
- 100 g de tomates sèches marinées à l'huile
- 2 tomates fraîches
- Huile d'olive
- 1/2 botte de basilic frais
- Sel, poivre

Décortiquez les crevettes et coupez-les en deux dans le sens de la longueur. Coupez les tomates sèches en quatre ou six selon leur taille, en conservant l'huile dans laquelle elles marinent.

Faites cuire les pâtes dans un grand volume d'eau bouillante salée, additionnées d'1 cuillerée à soupe d'huile d'olive.

Faites sauter les crevettes dans l'huile de macération des tomates, ajoutez les tomates sèches et le basilic haché grossièrement.

Dans un saladier, réduisez en purée les tomates fraîches, assaisonnez avec du sel et du poivre. Égouttez les pâtes et jetez-les dans le saladier en y ajoutant les crevettes et les tomates séchées. Mélangez le tout et décorez avec une belle feuille de basilic.

Je ne me lasse pas des pâtes et du poisson. Ces deux ingrédients forment un accord subtil dans cette recette savoureuse.

Nids de poisson blanc aux herbes

Préparation : 20 min

Cuisson : 10 à 15 min

Pour 4 personnes

- 600 g de poisson blanc (lotte, sole, panga, sabre)
- 400 g de spaghettis aux herbes
- 2 gousses d'ail
- 2 ou 3 tiges de persil, ciboulette et coriandre
- Beurre
- Vin blanc
- Graines de sésame
- Sel, poivre

Coupez le poisson en fins bâtonnets. Lavez et hachez ensemble les herbes aromatiques. Pelez et ciselez les gousses d'ail.

Faites revenir à la poêle l'ail ciselé et le poisson. Ajoutez les herbes, une bonne noisette de beurre et une larme de vin blanc. Laissez cuire doucement pendant 10 minutes.

Parallèlement, faites cuire les spaghettis dans un grand volume d'eau salée.

Égouttez les spaghettis, ajoutez une noix de beurre et dressez les assiettes en préparant dans chacune d'elles un petit nid de pâtes. Déposez le poisson au centre des nids et saupoudrez de graines de sésame. Servez bien chaud.

La perche d'étang est un mets rare qu'il est difficile de trouver, mais sa chair est tellement fine que c'est un vrai plaisir de cuisiner ce genre de trésor !

Filets de perche
sautés au gingembre frais *et aux amandes*

Préparation : 15 min

Cuisson : 10 à 15 min

Pour 4 personnes

- 2 ou 4 perches (selon leur taille)
- 2 petites courgettes blanches ou vertes
- 1 petit morceau de gingembre frais
- 200 g d'amandes fraîches ou 50 g d'amandes effilées
- Huile d'olive
- Beurre
- Sel, poivre

Levez les filets des perches ou demandez à votre poissonnier de le faire pour vous. Découpez-les en goujonnettes (languettes obliques).

Épluchez le morceau de gingembre, coupez-le en tranches minces puis hachez-le finement. Lavez ensuite les courgettes et détaillez-les en petits bâtonnets. Si vous utilisez des amandes fraîches, décortiquez-les et supprimez la peau : plongez-les auparavant dans de l'eau bouillante pour faciliter cette opération.

Chauffez un filet d'huile d'olive dans une poêle, jetez-y une bonne noisette de beurre et faites revenir les goujonnettes de perche pendant 5 minutes. Ajoutez alors les courgettes, les amandes, le hachis de gingembre et laissez cuire encore 5 à 10 minutes selon votre goût.

Assaisonnez et servez sans tarder.

Variante À défaut de perche, vous pouvez utiliser du panga ou de la sole.

Denise, ma chère belle-mère, nous prépare souvent cette recette à Pâques. Je lui ai apporté quelques modifications. Elle me pardonnera !

Chevreau de Pâques à la mode de Denise

Préparation : 20 min

Cuisson : 1 h

Pour 6 personnes

- 1,5 kg de chevreau
- 2 gousses d'ail
- 1 bouquet d'oseille verte
- 30 cl de crème fraîche liquide
- Vin blanc
- Huile de tournesol
- Beurre
- Farine
- Sel, poivre

Découpez le chevreau en petits morceaux et farinez légèrement ces derniers.

Chauffez l'huile de tournesol dans une cocotte et ajoutez une bonne noisette de beurre. Faites-y dorer doucement les morceaux de chevreau, par groupes de deux ou trois.

Une fois que tous les morceaux sont colorés, ajoutez un verre de vin blanc et un verre d'eau, les gousses d'ail pelées et hachées, du sel et du poivre. Laissez mijoter 45 minutes à petit feu en veillant à ce que le jus ne s'évapore pas trop. Si tel est le cas, ajoutez un peu de vin blanc et d'eau en cours de cuisson.

Pendant ce temps, lavez et préparez l'oseille en supprimant la côte centrale des feuilles. Hachez ces dernières.

Au bout de 45 minutes de cuisson, retirez la viande et conservez-la au chaud dans un saladier avec un couvercle.

Ajoutez l'oseille hachée dans la cocotte et laissez-la fondre dans le jus de cuisson. Versez la crème fraîche et laissez-la réduire 10 minutes à feu doux. Hors du feu, montez alors la sauce en incorporant doucement le reste de beurre, en parcelles. Remuez avec une cuillère en bois pour lier la sauce.

Rectifiez l'assaisonnement, puis ajoutez les morceaux de chevreau pour les napper de sauce. Servez aussitôt.

Mes amis Renaud et Élisabeth aiment les bons petits plats des dimanches, ceux que l'on servait chez nos grands-parents. Alors un gigot, c'est un classique à revisiter entre amis !

Gigot aux haricots cocos à la façon de Renaud

Préparation : 20 min

Cuisson : 40 à 45 min

Pour 6 à 8 personnes

- 1 gigot de 1,5 kg
- 1,5 kg de haricots cocos frais
- 2 gousses d'ail
- 1/2 oignon
- 2 brins de thym
- Beurre
- Persil
- Sel, poivre

Épluchez les gousses d'ail, fendez-les en deux et piquez-en le gigot en plusieurs points.

Déposez la viande dans un plat à four, salez-la, poivrez-la, ajoutez une noisette de beurre et un brin de thym. Enfournez à 180 °C (th. 6) pendant 40 à 45 minutes, selon votre goût. Pensez à arroser le gigot en cours de cuisson.

Pendant ce temps, faites cuire les haricots cocos à l'eau bouillante 30 minutes : salez et poivrez l'eau. Ajoutez le demi-oignon et un brin de thym.

Lorsque les haricots sont cuits, égouttez-les, ajoutez-leur un peu de jus de cuisson du gigot et une bonne noisette de beurre (ou un filet d'huile d'olive). Tenez au chaud jusqu'au moment de servir, en accompagnement du gigot.

Variante Nature, ce gigot est déjà un régal, mais vous pouvez confectionner une petite sauce minute en mixant ensemble 1 ou 2 tomates, 1 ou 2 cuillerées à soupe d'huile d'olive, une gousse d'ail (dont vous retirerez le germe), du sel, du poivre, 2 cuillerées à soupe de parmesan râpé et quelques olives noires dénoyautées.

Notre chère voisine Armelle nous livre ici sa recette familiale d'un fondant au chocolat d'une facilité déconcertante et d'un moelleux inoubliable.

Fondant au chocolat d'Armelle

Préparation : 15 min

Cuisson : 20 à 25 min

Pour 6 personnes

- 300 g de chocolat noir à pâtisser
- 5 œufs
- 180 g de beurre
- 180 g de sucre en poudre
- 110 g de farine
- Sel

Préchauffez le four à 180 °C (th. 6).

Faites fondre 180 g de beurre et le chocolat en morceaux au bain-marie (ou au four à micro-ondes à mi-puissance).

Mélangez avec un fouet puis incorporez le sucre en poudre, une pincée de sel et la farine.

Ajoutez ensuite les œufs un à un, en continuant de battre après chaque œuf.

Versez ensuite la pâte obtenue dans un moule en porcelaine ou en pyrex et enfournez pour 15 à 20 minutes. Le cœur du gâteau doit rester liquide pour révéler toute sa saveur.

Servez 5 minutes après la sortie du four.

Conseil Vous pouvez réaliser des petits fondants individuels en coulant la pâte dans des caissettes en papier ou dans de petits moules en porcelaine : faites alors cuire vos fondants 5 à 8 minutes.

Index

Entrée

Plat principal

Délices sucrés

Crédits photographiques
Toutes les photos sont de Franck Schmitt.

Création graphique et mise en pages : Stéphanie Boulay.
Suivi éditorial : Frédérique Chavance.
Fabrication : Marie Guibert.
Photogravure : Altavia Lille.

Achevé d'imprimer en avril 2007 par Graficas Estella (Espagne).